돈 버는 AI
새로운 부의 설계자

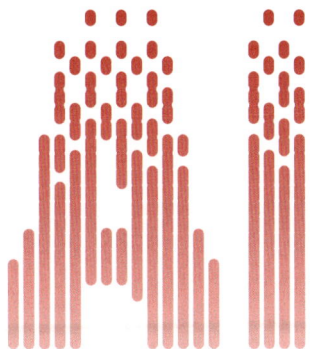

돈 버는 AI
새로운 부의 설계자

박성혁 · 나탈리 허

차례

들어가는 글 초지능적 사고를 선점하라 · 8

1장   미래를 예측하면 돈이 보인다

초지능, 인간적 사고를 뛰어넘다 · 16
초지능의 관점에서 비즈니스를 바라보라 · 20
딥러닝, 인간을 해방하다 · 23
생성형 AI가 만든 데이터 · 28
AI 학습과 추론, 어디에 더 돈이 많이 들까 · 33
미래를 아는 것의 힘 · 35
데이터 분석은 진화한다 · 39
데이터 속에 미래의 단서가 있다 · 42
멀티모달 러닝으로 미래 예측 정확도 높이기 · 46
AI는 '대박'을 재현할 수 있을까 · 53

2장   AI를 비즈니스에 활용하라

비즈니스의 본질은 가치 창출이다 · 58
질문만 잘 던져도 돈이 된다 · 62

AI는 결국 소프트웨어다 · 63
성공적인 예측과 최적화: 뱅크샐러드 · 65
데이터의 힘으로 금융 예측력을 높이다: 고위드 · 67
돈 잘 쓰는 AI도 있다 · 69
광고산업 혁신을 주도하는 마케팅 AI · 71
투자 분야에서의 설명 가능 AI · 74
AI 투자의 현실적 제약 · 75
AI를 활용한 자산 관리 · 79
AI 자산 배분의 목표와 실제 운용 · 82
시장 효율성에 따른 AI 활용의 기회 · 84

3장 금융의 게임체인저, AI 모델

예견된 변화 · 92
AI가 바꾸고 있는 금융산업의 얼굴 · 94
데이터가 투자 전략을 바꾼다 · 98
블록체인과 암호화폐, 그리고 AI · 100
AI가 인간 펀드매니저를 완전히 대체할까 · 103
맞춤형 포트폴리오, AI가 설계한다 · 105
투명한 투자, '왜 그렇게 되는가'가 중요하다 · 107
AI는 숫자만 보지 않는다 · 110
AI가 읽어내는 시장의 숨겨진 연결고리 · 114
속도와 스케일에서 앞서는 AI 분석 시스템 · 117
AI, 버핏을 모방하다 · 119
시뮬레이션을 넘어 실전으로 · 121

PRACTICE TIPS 실리콘밸리 AI 투자 전략 도입 상황 · 123

PRACTICE TIPS AI 시대, 금융업계와 투자자를 위한 체크리스트 · 127

4장 AI 비즈니스의 리스크를 넘어라

AI가 똑똑해질수록 세상은 더 공정해질까 · 132
딥페이크, 진짜 같은 가짜 · 135
'AI가 그랬다'라는 말로 책임을 회피할 수 없다 · 137
내 모든 정보를 AI가 넘본다 · 142
AI워싱, 가면을 쓴 투자 유혹 · 143
알고리즘 전쟁과 시장의 편향성 · 146
AI 기반 금융 리스크 관리의 그림자 · 148
PRACTICE TIPS AI 신뢰성 확보를 위한 실무자용 체크리스트 · 151

샌프란시스코에서 결정되는 AI 저작권의 미래 · 153
AI는 저작권을 소유할 수 있을까 · 154
특허와 영업 비밀 사이에서 · 159
AI는 어디서 배웠는가: 공정 사용과 저작권 · 161
공개된 데이터 사용은 불법이 아니다? · 166
웹사이트 약관과 동의, 어디까지 계약일까 · 170
스크래핑을 막으려면 기술적 '장벽'이 필요하다 · 173
내 정보, AI가 몰래 공부해도 괜찮을까 · 175
생체정보와 AI, 가장 민감한 데이터의 경고 · 177
AI가 퍼뜨린 거짓말, 누가 책임지나 · 181
AI 규제를 위한 현실적 움직임 · 184
PRACTICE TIPS 직무 유형별 AI 개인 정보 보호 실무 체크리스트 · 187

5장 실리콘밸리와 트럼프, 그리고 AI

실리콘밸리는 왜 트럼프를 선택했나 · 194

AI를 두고 벌이는 정반대의 정치 실험 · 197

트럼프 정책의 수혜자는 누구인가 · 200

AI 패권 전쟁의 서막 · 204

인재 강국 미국 안에 자리한 중국계 인력 · 208

'민간 투자' 대 '자립 자강' · 210

AI 생태계의 탈 글로벌화와 지정학적 리스크 · 212

전략적 유연성과 기술 주권이 필요한 한국 · 215

칩 전쟁: 반도체, 클라우드, 공급망 · 216

엔비디아의 독주 · 217

왜 모든 나라가 'AI 반도체 국산화'를 외칠까 · 219

칩에서 클라우드로: 연산 주도권의 이동 · 222

AI 인프라에서 우리가 놓치고 있는 것 · 224

추격자에서 새로운 허브로 · 227

한국이 가진 또 다른 기회 · 229

코스피 5,000의 조건 · 232

'플랫폼 독립국'인가, '애플리케이션 강국'인가 · 234

테스트베드로서의 한국, 빅테크의 실험실이 된 이유 · 237

정답은 하나가 아니다 · 240

인재가 전략이다 · 243

―― · 들어가는 글 · ――

초지능적 사고를 선점하라

"AI로 돈을 벌려면 어떻게 해야 하나요?" 요즘처럼 AI가 주목받는 시대에 사람들이 가장 궁금해하는 질문이다. 이런 질문을 받을 때마다 이렇게 답하곤 한다. "회사에 정말 똑똑한 신입사원이 들어왔다고 해봅시다. 그 직원에게 맡겨야 하는 업무는 과연 무엇이어야 할까요?"

이 질문은 중요한 점을 시사한다. AI에게 얼마나 크고 중요한 문제를 풀도록 할 것인지에 따라 비즈니스의 성장이 결정된다는 사실이다. 그렇기에 여기에는 AI를 기회라고 생각하는 판단력과 '중요한 문제'가 무엇인지 정의할 수 있는 통찰력이 필요하다.

이 책《돈 버는 AI》를 선택한 독자는 AI를 활용해 돈을 벌 수 있다고 생각한다는 점에서 적어도 적절한 판단력을 갖고 있다고 할 수 있다. 거기에서 한 발 나아가, 크고 중요한 문제를 정의하고 AI와 함께 해결해나가는 데에는 트레이닝이 필요하다. 성공적인 AI 비즈니스를 위해서는 결정을 내리는 주체인 인간의 리더십과 역량을 키우는 것이 중요하며, 지금껏 한 번도 접해본 적 없는 초지능의 관점에서 인류의 발전과 번영을 위한 목표를 정의할 수 있도록 사고를 확장해야 한다.

이 책은 '초지능' AI를 비즈니스에 활용하려면 우선 인간이 위대한 문제를 꿈꾸고 정의할 수 있는 소양을 갖춰야 한다는 메시지를 담고 있다. 또한 이를 체계적으로 설명하기 위해 다양하고 깊이 있는 배경 지식과 사례를 소개한다. 앞부분에서는 AI를 비즈니스에 활용할 수 있는 기본 개념과 시장 상황, 구체적인 플랜에 대해 설명했고 뒷부분에서는 지속 가능한 비즈니스를 위한 AI 활용 지침을 구체적인 판례와 함께 설명하고자 했다.

1장에서는 AI의 본질은 '미래를 예측하는 기술'이라는 명제를 중심으로, 인류가 인간보다 뛰어난 지능을 발명하게 된 역사적 전환점을 다룬다. 기계가 데이터를 학습해 인간의 직관을 넘어서는 패턴을 찾아내고, 그 결과를 바탕으로 미래를 추론하는 과정을 자세히 설명한다.

2장에서는 AI 비즈니스의 본질을 'AI 기술을 활용해 가치를 창출하는 과정'으로 정의하며 AI가 정보의 연결자이자 최적화 도구로서 기업의 의사결정과 마케팅 효율을 극대화하는 과정을 다양한 사례로 보여준다.

3장에서는 AI가 가장 빠르게 스며들고 있는 산업 중 하나인 금융산업 분야에서 어떻게 AI가 생태계를 바꾸고 있는가를 중심으로, 투자, 자산운용, 리스크 관리 등에서의 구체적인 변화를 다룬다.

4장에서는 AI 비즈니스를 향유하는 데 필요한 법적·윤리적 문제를 총정리한다. AI가 생성한 콘텐츠의 저작권, 트레이닝 데이터의 공정 사용, 개인정보 보호, 책임의 주체 문제를 주요하게 다룬다.

5장에서는 정치와 기술이 맞물리는 글로벌 AI 패권 시대를 그린다. 트럼프 2기를 맞이한 미국의 정치적 변화가 실리콘밸리와 AI 생태계에 어떤 영향을 주었는지를 분석하며 미·중 AI 경쟁, 인재 전쟁, 칩(반도체)과 클라우드의 지정학적 의미 등을 통해 AI 패권의 구조를 짚는다.

한편, 이 책에서 중요하게 다루는 실리콘밸리의 생생한 실정은 그 자체만으로도 매우 가치 있다. 실리콘밸리가 선도하고 있는 AI 생태계는 믿기 어려운 속도로 성장하고 있다. 이곳은 AI 스타트업이 탄생하고, AI 법률과 금융 쟁점이 가장 먼저 부딪치는 격전지다. 이틀에 한 번꼴로 열리는 각종 AI 행사에서는 스타트업 창업자, 엔지니어, 학자, 변호사 등 다양한 사람들이 모여 강연을 듣고 새로운 기술을 토론하며 미래를 그린다.

한 달만 지나도 사람들 입에 오르내리는 모델 이름이 바뀌고, 각자는 자신의 분야가 AI로 인해 어떻게 재편되고 있는지, 그리고 앞으로 무엇이 달라질지를 이야기한다. 이곳에서 만들어지는 법적 구조와 판례들은 머지않아 미국 전체, 나아가 전 세계 AI 법체계의 방향을 결정하게 될 것이다.

이 흐름 속에서 한국인들은 단연 눈에 띄는 무리다. AI 인재 채용을 위해 스탠퍼드대학교에서 대규모 행사를 열고, 미국·중국 다음으로 'AI 강국'이 되기 위한 전략을 진지하게 논의한다. 변화의 신호를 가장 먼저 감지하고 움직이는 진취적인 사람들이다. 새로운 트렌드를 놓치지 않으려는 불안조차 실행력과 원동력으로 승화시키고 있다.

꽤 많은 국민들이 우리나라의 미래를 걱정하지만, 실리콘밸리에서 바라본 한국은 다르다. 문화 콘텐츠의 거듭되는 성공, 15년 만에 4,000선을 돌파한 코스피 지수 등은 한국이 글로벌 시장에서 매우 매력적인 투자처이자 산업 강국으로 자리 잡고 있음을 증명한다.

이 흐름 속에서 한국이 미국·중국과 어깨를 나란히 한다는 목표는 결코 허황된 것이 아니다. 2025년 11월 한국을 방문한 젠슨 황은 세계 3위 수준인 30만 장의 GPU 공급을 약속했다. 반도체와 인프라, 그리고 K-콘텐츠까지 아우르는 한국 산업의 폭넓은 경쟁력이 AI 시대에 더욱 빛날 것이다.

이제 한국이 가져야 할 것은 장기적 관점이다. AI 3대 강국은 1~2년의 단기 프로젝트로 만들어지지 않는다. 10~20년을 내다본 국가적 비전과 지속적인 투자가 필요하다. 미국의 AI 리더십 또한 하루아침에 이루어진 것이 아니다. 수십 년에 걸친 과학기술 투자, 그리고 정치적 이념을 넘어선 사회적 합의의 결과다. 여전히 AI 산업은 태동기에 있다. 실리콘밸리조차도 아직 '정답이 없는 질문들'로 가득하다. 이럴 때일수록 단기 성과에 집착하기보다 끊임없는 고민과 장기적 투자가 필요하다.

'돈 버는 AI'를 실현하는 데 필요한 지식을 바탕으로 같은 뜻을 품은 두 명의 카이스트 01학번 동기가 이 책의 주역이 되었다. AI 비즈니스 활용을 주제로 연구와 창업에 도전하고 있는 박성혁 박사와 실리콘밸리에서 AI 규제와 지적재산권 관리 분야 최고 전문가로 활동하고 있는 나탈리 허 변호사가 의기투합한 결과다. 깊은 지적 교류와 새로운 영감이 이 책을 출간하는 결정적인 계기가 되었다.

집필 과정에서 세심하게 도와주신 쌤앤파커스 출판사 관계자 분들, 그리고 자신의 통찰과 경험을 아낌없이 나눠준 실리콘밸리의 창업자·과학자 동료들께 진심으로 감사드린다. 그리고 무엇보다 이 길을 걸을 수 있게 해준 대한민국과 국민들께 감사의 마음을 전한다. 언젠가 진정한 AI 강국이 된 한국에서, 더 많은 한국 기업과 함께 일하며 세상을 바꿀 날을 기대한다.

박성혁, 나탈리 허

— 1장 —

미래를 예측하면 돈이 보인다

"이제 돈을 버는 데 AI의 역할은 필수다."

"비즈니스 영역에서 AI가 점점 더 영향력을 발휘하면 사람들의 일자리가 사라질까?" 많은 사람이 던지는 이 물음에, '그렇지 않다'라고 말하고 싶다. 가치Value를 창출하는 인간의 역할은 결코 사라지지 않는다. 중요한 것은 'AI를 어떻게 활용해 새로운 가치를 만들어낼 것인가'이다. 비즈니스의 차별성은 데이터를 풍부하게 수집하고, 그것을 기반으로 얼마나 정교하게 예측하고 제시할 수 있는가에서 나온다. 수요 예측과 실행 계획을 효과적으로 연결할 수 있는 기업은 시장에서 반드시 우위를 점할 수 있다.

초지능, 인간적 사고를 뛰어넘다

"이제 어떤 기술이 세상에 이바지할 것인가?" 답은 분명하다. 대세는 인공지능, 곧 AI이다. AI는 단순한 기술이 아니라 비즈니스 인텔리전스의 새로운 패러다임이다. 인류가 만들어낸 수많은 창조물 가운데 AI가 갖는 위상은 남다르다. 앞으로 다양한 영역에서 기존에 상상도 못 했던 수많은 변혁이 일어날 것이다.

 AI가 일상의 영역에 들어온 지도 꽤 시간이 지났다. 관련 기술과 산업에 대한 사람들의 이해도도 상당한 수준이다. 업무 영역에 AI를 직접 활용하기도 하고, 관련 기업과 산업에 투자하기 위해 관심을 가지기도 한다.

 하지만 사람들이 오해하는 것도 있다. AI로 돈을 벌기 위해서는 반드시 '천재적인 알고리즘'이 필요할 거라는 생각이다. 하지만 AI가 비즈니스에 임팩트를 부여하는 데에는 상식적인 알고리즘으로 충분하다. 중요한 것은 아키텍처와 데이터다. 기업에 천재 개발자보다도 아키텍처 전문가가 필요한 것도 이 이유다. 이윤을 추구해야 하는 기업에는 뛰어난 수학적 재능을 가진 천재보다도 데이터를 풍부하게 수집·관리하고 이를 비즈니스 의사결정에 적용할 수 있는 사람이 필요하다.

AI의 핵심 가치는 효율성과 자동화에 있다. 사람이 억지로 해왔던 일을 기계가 대신함으로써 오히려 일의 본질은 더욱 인간적인 영역으로 돌아간다. 추천 시스템, A/B 테스트, 수요 예측 등 과학적 방법을 통한 의사결정 문화는 이미 기업 현장을 바꾸고 있다. 현실에 존재하는 데이터를 기반으로 더 정확하게 미래를 예측할 수 있다면, 그 자체로 돈이 된다.

그러한 가운데 우리가 주목해야 할 것은 '초지능'이다. 초지능이란 추론, 학습, 창의력, 문제 해결 능력 등을 포함한 인간의 전반적인 인지 능력을 훨씬 뛰어넘는 지능을 의미한다. 이는 AI의 궁극적인 목표이기도 하다. 인간의 뇌에서 영감을 받아 심층 신경망을 기반으로 한 기계학습Machine Learning 기법인 딥러닝Deep Learnimg 의 등장은 인류가 처음으로 초지능을 만들어낼 수 있는 가능성을 열었다. 방대한 데이터를 학습시킴으로써 이전까지 불가능하다고 생각했던 것들이 가능해지고, 인간의 상상력을 뛰어넘는 결과물

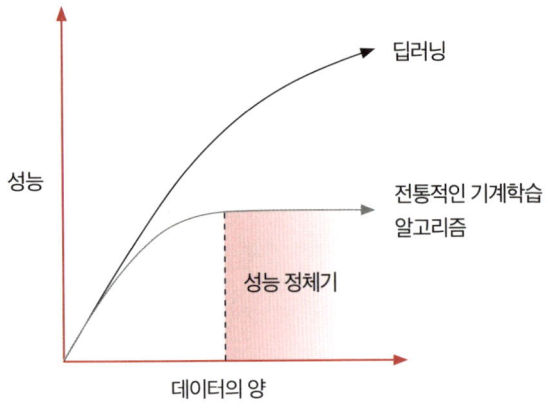

기계학습과 딥러닝의 데이터 학습 효율 비교

이 끊임없이 나오고 있다. 앞으로는 대규모 언어 모델^{LLM, Large Language Model}을 기반으로 한 사회적·산업적 인프라가 전 세계에 깔릴 것이다.

    AI에 지능을 부여하는 일은 데이터 학습을 통해 진행된다. 특정 업무^{Task}를 위해 만들어진 AI 모델은 수많은 데이터를 기반으로 어떤 상황 속에서도 안정적으로 해당 업무를 해결하려고 한다. 이때 앞의 그림에서처럼 전통적인 기계학습은 인간 수준의 지능을 크게 뛰어넘을 수 없다는 한계점을 가지고 있었다. 그러나 이와 다르게 '뉴럴 네트워크^{DNN}' 알고리즘은 인간보다 훨씬 더 뛰어난 수준의 초지능을 만들어가고 있다.

    인간의 지능보다 뛰어난 초지능을 만드는 것은 어떻게 가능했을까? 이는 관련 연구자들이 지지하는 '보편 근사 정리^{universal ap-}

proximation theory'를 살펴봐야 한다. 이는 해결하고자 하는 업무가 학습 가능한 것이라고 할 때, 인공신경망에서는 그것을 반드시 학습할 수 있다는 것을 보장하는 이론이다. 구글 딥마인드에서 개발한 바둑 AI 알파고를 예시로 들어보면, 바둑을 두는 행위를 학습 가능하다고 할 때 인공신경망에서도 반드시 학습이 가능하다는 의미이다.

어쩌면 이것은 믿음의 영역에 가까울 수 있다. 아이러니하게도 이러한 인공신경망을 만들어낸 인간은 AI가 그러한 학습에 성공했는지 정확히 알기 어렵다. 그럼에도 알파고처럼 그 어떤 프로 바둑 기사에게도 승리를 가져올 수 있는 AI를 만들어내는 것이 실제로 이루어졌다. 우리가 기억해야 할 핵심은 무엇일까? 학습 가능하다는 믿음을 가지고 데이터를 공급하면, 그런 지능을 실제로 만들어낼 수 있다는 점이다. 그저 바람이 아니라 실현 가능성이 있는 믿음이다.

오픈AI에서 개발하고 서비스하는 챗GPT 역시 그러한 결과물이다. 앞선 그림에서 위쪽 그래프의 끄트머리에 위치하는 대표적인 사례다. 방대한 언어 데이터를 학습시킴으로써 전 세계 모든 언어를 사람처럼 구사하는 인공지능을 만들어낸 것이다. 이와 마찬가지로 초지능의 등장 역시 믿음의 영역이다. 그러나 어떻게 만들지에 앞서 '만들 수 있다'라는 점은 이미 확정적이다. 그렇기에 이를 비즈니스에 활용하려고 할 때에도 '인간 수준에서 사고하는 것'을 뛰어넘을 필요가 있다.

초지능의 관점에서
비즈니스를 바라보라

이 거대한 흐름 속에서 기업이 가져야 할 질문은 단 하나다. "어떻게 이 인프라를 활용해 가치를 창출할 것인가?"

AI로 새로운 문제를 해결하고 비즈니스에 활용하려는 필요는 시시각각 늘어나고 있다. 그렇다면 AI 비즈니스를 성공시키기 위해 가장 중요하게 고려해야 하는 사항은 무엇일까? 일반적으로 첨단 신기술이 등장하면, 이를 통해 지금껏 풀어내지 못했던 문제도 해결할 수 있겠다는 기대감이 함께 따라온다. AI 역시 정확히 그런 기술에 해당한다.

이 책에서 이야기하고자 하는 핵심 목표는 AI 기술이 어떻게 비즈니스 영역에서 대체 불가능한 요소가 될 수밖에 없는지 정확히 이해하는 것이다. 쉽게 말해, AI를 활용해 한 푼이라도 더 벌 수 있는 비즈니스 관점을 제시하려 한다. 그러기 위해 사람들이 쉽게 깨닫지 못하는 아주 중요한 조언 하나를 전한다.

AI 비즈니스의 중심에 서고자 한다면 앞서 이야기한 초지능에 대한 믿음을 가지고 인간 스스로의 상상력 역시 더 진화하도록 해야 한다는 것이다. 다시 말해, 우리 스스로 인간이 아니라 초지능이라 생각하며 비즈니스 문제를 정의해야 한다.

물론 실제로 초지능 자체가 되는 것이 아니라, 초지능의 관점으로 생각의 크기를 키우는 노력을 해야 한다. 어려운 일이긴 하지만 초지능 탄생의 순간을 이해하는 데 도움이 되는 어떤 관점을 가진다면 충분히 가능하다. 초지능은 인간이라면 학습할 수 없는 방대한 데이터를 학습해서 탄생한다는 점이 힌트가 된다.

"정말 이렇게 많은 데이터를 모두 학습할 수 있을까?" 이런 걱정은 AI를 설계하는 데 바람직한 생각이 아니다. 걱정보다 실행이 우선이다. 방대한 데이터를 모두 학습시키면 바라는 초지능이 만들어질 것이라는 믿음을 가지고 실행하는 것이 중요하다. 그래서 상상력이 중요하다. 데이터의 양과 질 측면에서 상상력의 크기만큼 AI가 만들어지므로, 인간 수준에서 생각할 것이 아니라 초지능 관점에서 상상하는 것이 필요하다. 인간이 그동안 문제를 풀어온 수준으로만 한계를 두고 활용하고자 한다면 너무나 낮은 수준의 AI밖에 만들 수 없다.

앞서 언급한 오픈AI의 챗GPT 개발 역시 AI가 인류가 그동안 쌓아온 전 세계 문헌 정보를 모조리 학습할 수 있다는 믿음에서 시작했다. 이것은 AI에게 그저 언어를 가르치려고 한 것이 아니었다. 오직 기계 스스로 문헌 속에 등장하는 단어 간의 통계적 추론을 수행하도록 했을 뿐이고, 그 결과 인간처럼 언어를 구사할 수 있는 초지능이 탄생한 것이다. 이토록 놀라운 성능이 어떻게 가능한 것인지 인간 수준에서 이해하는 것은 어려운 일이지만, 중요한 것은 인류가 결국 이런 지능을 만들어냈다는 사실이다. 이러한 상황은 지금도 자율주행, 바둑, 신물질 개발, 항공기 엔진 설계 등 다양한 분야에서 이루어지고 있다. 다시 한번 강조하지만, 학습량의 측면에서 기계는 인간이 감당할 수 없는 엄청난 데이터를 학습할 수 있다는 것과 그 결과로 놀라운 수준의 지능이 만들어진다는 것을 기억해야 한다.

인간보다 뛰어난 지능을 다루게 된 순간을 우리는 처음 맞이하고 있다. 이것을 활용하는 데 우리는 아직 충분한 노하우를 가지고 있지 않다는 것이 현실이다. 여기에서 필요한 것이 상상력이다. 상상력을 통해 누군가는 더 크고 위대한 문제를 정의하게 될 것이고, 그것을 초지능으로 풀어내는 새로운 방법론으로 활용할 때 완전 새로운 비즈니스 기회가 생기게 된다.

전 세계 약 20억 명이 사용 중인 메타Meta의 안면인식 AI 서비스를 예로 들어보자. 메타는 사용자의 얼굴 사진을 보고 그 사람이 누구인지 정확하게 식별하는 서비스를 제공하고 있다. 20억 장의 사진을 보고 구별하는 일을 초지능이 담당하고 있는 셈이다. 이러한 일을 인간이 수행하는 것은 불가능한 일이다. 20억 장의 사진을 하나씩 보는 것도, 그것을 생김새별로 구분하고 가려내 규칙을 만드는 것도 인간의 지능 수준에서는 해낼 수 없다.

그러나 메타는 그러한 안면인식 AI를 실제로 만들어냈다. 딥러닝 알고리즘을 통해 이미지 정보를 해독하고, 사진에서 추출한 시각적 특성을 수치로 변환해 벡터로 표현해주는 임베딩embedding을 적용한 다음, 그 값을 비교하는 것으로 특정 인물을 찾아낸다. 각자의 얼굴이 가진 특징을 찾아내 데이터화하는 것은 신기하면서도 어쩌면 무서운 일이기도 하다. 하지만 이 기능은 이미 수많은 사람과 일터에서 채택되어 활용되고 있다. 인간 지능의 한계에서만 생각했다면 불가능했던 일이었다.

딥러닝, 인간을 해방하다

다음의 그림은 전통적인 기계학습과 딥러닝이 어떻게 다른지 쉽게 알려준다. 전통적인 기계학습이든 딥러닝 알고리즘이든 인간이 제공한 데이터를 학습하여 지능을 만든다는 점은 동일하다. 이때 데이터에서 패턴을 파악하여 언제 어떻게 의사결정을 해야 하는지 찾아내는 모델링 업무를 기계에 100% 위임했는지, 아니면 인간이

	데이터 제공자	모델링 주체
기계학습	인간	인간과 기계
딥러닝	인간	기계 단독

데이터 제공과 모델링에 있어서 기계학습과 딥러닝의 역할 분배

계속 관여하는지에 따라 딥러닝과 기계학습이 구분된다.

앞서 이야기한 메타의 안면인식 AI는 특정 사용자를 식별하는 모델링 작업을 기계에 모두 위임했기 때문에 성공했다. 전통적인 기계학습 방식에서는 모델링 과정에 인간이 개입하는데, 인간과 기계가 협력한다 하더라도 20억 장의 사진을 자동으로 분류해내는 지능을 만들어내기 어려웠다. 그런데 딥러닝의 등장으로 인류가 모델링 업무에서 벗어날 수 있었다. 기계가 알아서 찾아낸 판단 근거를 믿고 모델링을 자동화함으로써 지적 노동에서 인간이 해방된 것이다.

또 다른 예도 있다. 강아지 사진 1만 장과 고양이 사진 1만 장을 분석하는 작업을 한다고 할 때, 전통적인 기계학습에서는 우선 구체적으로 '수염이 있으면 고양이' '귀가 동그랗게 생기면 강아지'라는 식으로 이미지 정보에서 특징feature을 추출했다. 그리고 그 특징들을 강아지와 고양이로 분류하는 규칙rule으로 만들어서 판단했다.

이와 달리, 딥러닝 방식은 특징 추출이나 규칙 생성 과정에서 인간이 관여하지 않는 대신 기계가 아주 섬세한 수준으로 인간의 지능으로는 상상할 수 없던 복잡다단한 공식들을 찾아내는 것이 가능하다. 분류 정확도만 훌륭하다면 좋은 모델로 인정받을 수 있기 때문에 이를 믿고 의지하는 것은 당연한 일이 된다.

이러한 특징 덕분에 AI 모델을 '블랙박스black box'라 부르기도 한다. 내용을 인간에게 숨긴다는 의미가 아니라, 전부 공개하더라도 인간이 이해하지 못하기 때문에 붙인 이름이다. 이는 인간 지능과 초지능의 격차를 확인하게 되는 또 다른 지점이다. 이는 비즈니스 영역에서 종종 문제가 되기도 한다. 예를 들어, 은행에 가서 대출을 신청하는 상황을 상상해보자. 은행 직원이 고객에게 "죄송하지만 우리 AI가 대출 승인을 하지 말라고 하네요"라고 말할 수 있을까? 그러한 판단을 내리는 과정에 대해 그저 '모른다'라고 답할 수 없는 노릇이다. 이런 상황은 은행에서 여전히 대출 심사에 전통적인 기계학습 규칙을 사용하고 심사역까지는 AI를 도입하지 못하는 배경이기도 하다.

이러한 딜레마를 극복하기 위해 인간의 눈높이에 맞게 초지능을 해석하는 기술인 '설명 가능한 AI XAI: explainable AI'가 주목받고 있다. 어떤 결과가 나오더라도 '왜 그런 것인지' 인간 스스로 기계의 추론 근거를 이해하기 위해 블랙박스를 '글래스박스 glass box(투명한 박스)'로 만들어주는 기술이다. 구체적으로 XAI는 AI가 내린 결정이 어떠한 배경에서 만들어진 것인지를 설명해주기 위해 '무슨 변수'로 '어떠한 의사결정 기준'을 구성하였는지 해석해주는 것을 역할을 한다. 이는 기계학습 수준의 지능으로 AI 초지능을 매핑 Mapping해주는 기술에 해당한다.

은행 대출 심사 사례로 돌아가보자. 가령 특정 입력 변수의 '최근 신용카드 연체금' 값을 변경하자 AI가 판정하는 결과가 '대출 승인'으로 바뀌는 순간을 찾았다고 하면, 고객에에게 해당 변수에 대한 조건을 변경해서 다시 은행을 찾아달라고 안내할 수 있을 것이다. 또는 주요 의사결정 변수 가운데 중요도가 높은 것들을 따로 추출해 가중치와 함께 보여주는 식으로 개선할 수 있다.

아무리 초지능이 만들어내는 성과가 뛰어나다고 하더라도 사용자인 인간이 그것을 이해했을 때만 신뢰할 수 있는 기술이 된다. AI 모델이 어떤 데이터를 어떻게 학습했는지 대략적으로라도 파악할 수 있어야 사용자인 인간도 지식을 쌓아갈 수 있다. 다시 말해, AI를 '이해하고 신뢰'할 때 진정한 인간 해방으로 이어진다.

다시 알파고의 예로 돌아가자. 알파고를 만든 구글 딥마인드는 프로 바둑기사들이 쌓아온 바둑 데이터(기보)를 확보했어야 했다. 기계가 기원에 가서 바둑 선생님에게 배울 수는 없을 테니 기보 데이터를 구해 학습을 시킨 것이다. 알파고가 학습한 것은 바둑 시합의 첫수부터 마지막 수까지 모든 기록을 담고 있는 데이터였다. 한국은 물론 일본과 중국의 기보 데이터를 확보했을 것이다.

데이터 확보 다음에는 데이터 분석 단계가 이어진다. 역사상 존재했던 수많은 기보 데이터를 전부 분석하는 일은 사람에게는 불가능한 일이다. 그러나 앞서 이야기한 것처럼 기계의 분석에는 한계가 거의 없다. 단기간 내에 전체 데이터를 모조리 학습할 수 있다. 이 또한 인간이 모델링에 관여하지 않아도 되기 때문에 가능한 일이다. 즉, 모델링에서 인간이 해방되었기 때문에 엄청난 데이터로부터 학습해야 하는 일도 새롭게 가능하게 되었다. 인간은 애초에 이러한 업무 처리를 해본 적이 없고, 앞으로도 하지 못한다. 이와 달리 AI 개발에 있어서는 기계에게 모델링을 위임하는 것이 핵심이며, 그러한 특성에 맞게 공정을 설계하기만 하면 된다.

알파고가 탄생했을 때 구글 딥마인드 엔지니어들이 한 일은 바둑에서 좋은 수를 두는 규칙을 직접 하나라도 더 만들려고 한 것이 아니었다. 단지 기계가 스스로 자신의 승률을 최대화하는 다음 수가 무엇인지 찾을 수 있도록 데이터 학습 환경만을 조절했다. 이 점을 잊지 말아야 한다.

구글 딥마인드의 또 다른 프로젝트인 알파폴드**AlphaFold** 역시도 기계학습의 전통적인 전문성을 따른 것이 아니라, 기계의 데이터 학습 능률을 높이는 일에 집중한 덕분에 성공할 수 있었다. 알파폴드는 단백질과 생체 내 분자의 상호작용을 예측하도록 설계되었는데, 일반적인 방식으로 수십 년이 걸릴 작업을 단 몇 시간 만에 완수함으로써 딥마인드 대표이사인 데미스 허사비스와 연구원 존 점퍼에게 2024년 노벨 화학상을 안겼다. 이러한 방식이 최상의 결과를 만들 수 있다는 믿음과 확신에서 시작된 멋진 사례였다.

앞으로 AI가 만들어낼 새로운 지식의 양과 수준은 지금보다 더 높을 수밖에 없다. 어쩌면 앞으로 노벨상을 받으려면 AI에 필수적으로 의존해야 할지도 모른다. 주제를 막론하고 지구상 모든 데이터를 학습한 초지능을 만들 수 있다면, 당신은 과연 어떠한 문제를 해결하고 싶은가? 인간이 아니라 초지능의 관점에서 세상을 바라보는 것이 필요한 순간이다.

생성형 AI가 만든 데이터

AI 개발에 실패하는 이유 가운데 가장 흔한 것이 데이터의 부재다. 이처럼 인간이 쌓아온 데이터가 없는 상황에서는 생성형 AI가 만들어낸 데이터를 활용해 학습을 시키는 방안이 있다. 다음의 그림에서 학습에 필요한 데이터를 제공하는 인간의 역할마저 생성형 AI에게 넘어가는 경우의 수를 확인할 수 있다. 기계학습에서 머신러닝 단계로 넘어가면서 인간이 모델링에서 해방되었던 것처럼, 생성형 AI 단계에서는 데이터 수집 과정에서도 인간이 해방된다.

	데이터 제공자	모델링 주체
기계학습	인간	인간과 기계
딥러닝	인간	기계 단독
생성형 AI	기계 단독	기계 단독

데이터 제공과 모델링에 있어서 생성형 AI의 역할 분배

어찌 보면 인간이 할 일이 점점 더 줄어들게 된다고 할 수 있다.

인간의 기보 데이터를 추가하지 않고 자체 학습만으로 수행력을 키워내도록 개발한 '알파고 제로'를 예로 들어보자. 알파고가 이세돌 9단에게 승리한 후에도 개발을 멈추지 않고 알파고 제로를 만들어낸 것은 굉장히 멋진 일이다. 이름에 '제로'가 붙은 것은 앞서 말한 것처럼 인간 바둑 기사의 데이터를 더 이상 사용하지 않았기 때문이다.

사실 바둑은 어디에 바둑돌을 두어야 하는지 대략적인 방식이 정해져 있는 게임이다. 가로세로 각 19개 격자점 속에서 하나의 수를 선택한다. 인간의 기보 데이터를 더 이상 구할 수 없다 하더라도, 기계와 기계가 바둑을 두면서 기보를 방대하게 생성할 수 있다. 결국 얻을 수 있는 데이터는 무한하다. 물론 양과 질은 또 다른 이야기다. 인간 프로 바둑 기사들이 쌓아온 데이터보다 AI가 양과 질 측면에서 더 나은 데이터를 확보할 수 있을까? 가능하다! 기계는 결코 지치지 않기 때문이다.

이렇게 더 방대한 데이터로 학습시킨 알파고 제로와 알파고가 바둑 대결을 하면 어느 쪽이 이길까? 실제로, 알파고 제로가 알파고를 완벽하게 이겼다. 이쯤 되면 인간 데이터로 학습한 알파고가 심정적으로 더 가까운 느낌이다. 이 사건을 통해 인류가 깨달은 바는 명확하다. 전 세계 최고 수준의 바둑 AI를 만들려면 어떤 방법이 최선인가? 정답은 생성형 AI를 통해 데이터 생성과 학습을 자율적으로 맡기는 것이다.

이는 많은 사람이 간과하는 중요한 AI 개발 전략이다. 그동안 데이터가 없어서 AI를 개발하지 못한다고 판단했던 수많은 비즈니스 모델과 기업 사례에 새로운 기회가 있다는 점을 시사한다. 앞서 이야기했던 안면인식 AI 기술의 경우 지금까지는 중국이 선두에 있다고 여겨진다. 인구가 많기 때문에 얼굴 데이터를 가장 많이 확보했다는 점, 각 개인의 정보를 적극적으로 활용할 수 있는 사회적 분위기를 주요 원인으로 꼽는다. 맞는 말이다. 그러나 이는 앞으로 다른 상황을 맞이할 것이다. 생성형 AI가 수많은 얼굴을 합성하면서 10억 개, 100억 개, 또는 그 이상의 얼굴 데이터를 생성할 수 있다면 우리나라를 포함해 어느 나라든 강력한 안면인식 AI를 제작할 수도 있다.

기계가 데이터를 생성하면서 사람의 한계를 넘을 수 있는 대표적인 사례로 '탁구 치는 로봇'을 소개하고 싶다. 탁구 치는 로봇을 만드는 데에도 지금까지 설명했던 세 가지 방법을 적용할 수 있다. 첫 번째, 기계학습은 공이 어떻게 넘어오고, 어떻게 쳐서 넘겨야 하는지를 구체적인 규칙으로 만들어 하나씩 가르쳐주는 방식이다. 두 번째, 딥러닝은 국가대표 탁구선수 다섯 명을 초청해 몸과 팔에 움직임을 추적하는 센서를 달고, 인간이 만들어낸 데이터를 수집해 기계에게 스스로 모델링하도록 하는 방식이다. 마지막, 생성형 AI 방식은 기계가 관절을 마음껏 휘두르게 하면서 공이 네트를 운 좋게 넘어간 순간을 기억하도록 긍정적인 피드백을 주면서 강화학습을 진행한다. 시간이 지나고 나면, 스스로 데이터를 생성하면서 학습한 생성형 AI는 국가대표 다섯 명에게 탁구를 배운 딥러닝 방식의 로봇을 이기게 된다. 기계 관절이 사람 관절보다 더 넓고 자유도 높은 방식으로 움직이기 때문에 인간의 몸으로 칠 수 없었던 공도 받아낼 수 있도록 학습하는 것이다.

생성형 AI가 만든 데이터를 100% 신뢰하자는 주장은 아니지만, 이미 생성형 AI가 만들어낸 데이터가 인간이 만든 데이터보다 못지않다는 증거가 여럿 등장하고 있다. 챗GPT가 자랑하고 있는 다음 사례를 보자.

〈신데렐라〉 동화를 요약하는 일은 이미 AI 사람보다 잘한다는 데 많은 이가 동의할 것이다. 동화를 알파벳 A부터 Z까지 순서대로 하나씩 정확하게 사용하면서 요약하라고 했더니, 정말로 "A beautiful Cinderella dwelling eagerly, finally gains happiness, …"라는 식으로 완벽하게 한 편의 시를 쓰듯이 해내는 능력을 보여주고 있다. 이런 일을 인간이 할 수 있을까? 인간이 이미 해냈던 성과를 AI가 참고하는 것뿐일까? 그렇지 않다. 생성형 AI가 만들어내는 데이터의 품질은 이제 과소평가할 수 없다. 더 강력한 지능은 적극적인 데이터 학습에서 나온다는 사실만을 계속 확인할 뿐이다.

누군가는 이러한 방식을 비즈니스에도 그대로 적용해 성공을 이끌고 있다. 실제로 생성형 AI를 활용해 세계 최고 수준의 소프트웨어 기업이 된 '스트라드비젼Stradvision'이다. 스트라드비젼은 차량용 자율주행 지원 AI를 공급한다. 이미 전 세계에 120만 대 이상의 차량에 자율주행을 보조하는 안전장치가 탑재돼 있다. 이 회사는 어떻게 세계 1위에 오르는 AI 상품을 만들었을까?

스트라드비젼은 실제 상황에 존재하지 않는 극단적 사고 상황을 생성형 AI를 통해 가상으로 만들어내고, 그 상황마다 어떻게 대응해야 하는지를 학습시켰다. 예를 들어, 비가 많이 내리는 어두운 밤에 차량 앞 100미터 지점에서부터 시커먼 코트를 입고 누군가 뛰어오는 상황을 가상으로 생성해낸다. 실제 상황이 아니기 때문에 리스크가 없고, 아무리 극단적인 상황에서도 대응법을 찾아낼 수 있도록 수많은 연습을 거치기 때문에 굉장히 세부적인 기능을 탑재한 AI가 탄생하게 된다. 특히 사고, 재난처럼 현실에서 쉽게 얻을 수 없는 데이터를 방대하게 확보할 수 있는 것이 강점이다.

예전에는 기계가 인간을 잘 흉내 내면 AI라고 인정해주었는데, 이제는 상황이 달라졌다. 인간보다 훨씬 뛰어난 능력을 보여주어야만 제대로 된 AI로 인정받을 수 있다. 인간으로부터 잘 배웠기 때문일까? 그렇지 않다. 인간보다 더 질 학습했기 때문이고, 인간이 경험해보지 못한 상황에 대해서 더 많은 데이터를 생성했기 때문이다.

이러한 원리를 잘 이해하고 있을 때 특정 업무나 비즈니스 문제를 가장 잘 해결하는 전 세계 최고의 AI를 만들 수 있다. 특히 비즈니스 조직의 리더라면 이러한 사실을 아는 만큼 AI를 활용할 수 있기에, 앞서 설명한 '기계학습 → 딥러닝 → 생성형 AI'의 단계별 특징을 정확하게 이해하는 것이 필요하다.

AI 학습과 추론, 어디에 더 돈이 많이 들까

생성형 AI가 과연 '돈 버는 AI'가 될 수 있을까? 그 이전에 생성형 AI 서비스를 제공하는 데 돈이 얼마나 드는지 한번 생각해볼 필요가 있다. 비용이 너무 높아서 '돈 먹는 하마'가 된다면 돈을 벌기도 전에 사업 실패로 끝나버릴 수 있기 때문이다.

일반적으로 AI 개발 초기 단계에는 데이터 학습을 진행하는 데 비용이 소요되고, 더 크고 고품질의 데이터를 학습시킬수록 비용이 증가하는데, 그에 비례해 서비스 성능 역시 개선된다. 문제는 학습 이후에도 계속해서 비용이 소요된다는 점이다. 심지어 학습에 투자된 비용보다 더 큰 비용이 서비스 제공 과정에서 청구될 수 있는데, 사람들은 이 점을 잘 모르고 있다.

학습에도 돈이 드는데, 생성 과정 역시 공짜일 리 없다. 오히려 기계가 추론을 할 때 더 큰 비용이 드는 것이 생성형 AI 서비스의 특징이다. '지브리풍 이미지 대란'이 이 점을 잘 보여준다. 수많은 사람이 셀카를 찍어 챗GPT에게 지브리풍 이미지를 그려달라고 했던 일을 기억하는가? 오픈AI의 CEO 샘 알트먼은 인터뷰에서 지브리풍 그림 때문에 GPU들이 녹아내리고 있다는 이야기를 하기도 했다.

전 세계적 규모로 서비스 요청이 발생한다면 학습보다 추론에 더 큰 비용이 드는 것이 당연하다. 배보다 배꼽이 더 커졌다. 그래서 생성형 AI 서비스를 제공하는 기업은 예산 계획을 수립할 때 학습에 드는 비용뿐 아니라 추론에 드는 비용 역시 고려해야 한다. 또, 추론 과정에서 드는 리소스를 줄여나가기 위한 최적화 프로세스를 설계하는 데 고급 인력 투입과 R&D 투자를 아끼지 않아야 한다.

특히 이미지 생성과 같은 서비스를 제공할 때에는 AI 모델이 세부 픽셀마다 연산을 반복해야 하므로 LLM이 텍스트 포맷 정보를 생성하는 것보다 훨씬 더 많은 비용을 쓴다는 것을 인지해야 한다. 그림을 한 번 그려줄 때마다 돈이 나가는 것이다. 그러므로 추론 모델을 경량화하거나, 자주 사용되는 모듈을 재활용하거나, 더 저렴한 하드웨어를 활용해서 우회하는 식으로 추론 비용을 줄여나갈 수 있도록 해야 한다.

AI를 개발하고 서비스를 유지하는 데 드는 비용 구조를 이해하면 도움이 된다. 먼저 개발 단계에서는 데이터 수집 및 정제(지도 학습 시 라벨링 비용 포함) 과정에서 비용이 소요되며, 하드웨어 사용료와 엔지니어 인건비가 포함된다. 다음으로 데이터를 학습하는 과정에서 AI 모델 사용에 따르는 라이선스 비용이 추가될 수 있으며, 학습 후 실제 서비스를 제공하는 과정에서는 UI/UX 개발 및 기능 검증을 위한 QA 비용, 이후 서비스 제공 과정에서 운영 비용이 사용량에 비례해 지속 발생하게 된다. 추론 과정에서 드는 막대한 비용 역시 사용량에 비례하게 증가하므로 서비스가 초대박이 나더라도 그에 견주는 초비용이 발생할 수도 있다.

엔지니어가 예상하지 못하는 비용도 있다. 어쩌면 이 부분이 더 큰 비용을 발생시킬 수도 있기에 비즈니스 영역에서 반드시 고려해야 한다. 개발 또는 실제 서비스 제공 과정에서 법률적인 부분에 문제가 없는지 검토하고, 이를 방지하는 데 큰 비용이 들 수 있다. 보안 관련 비용도 적지 않다. 또, 만약 서비스 장애가 발생한다면 소송에 걸리거나 손해배상이 청구될 수 있으므로 안전장치를 마련해두어야 한다. 나아가, 서비스를 홍보하는 데 마케팅 비용이 추가될 수 있으며, 사용자 교육이나 고객 상담을 위한 비용도 서비스가 성장함에 따라 고려해야 한다.

미래를 아는 것의 힘

판타지 영화에서는 주인공이 미래를 예측하는 능력으로 사람들을 지배하거나, 먼 훗날 발생할 불행한 일을 미리 막아 인류를 구한다는 시나리오가 자주 등장한다. 남들보다 미래를 먼저 안다는 것은 큰 힘을 행사할 수 있다는 것과 같은 말이다. 말할 것도 없이 비즈니스 상황에서도 미래를 아는 것은 큰 도움이 된다. 예상되는 이익을 최대화하거나 손실을 최소화하는 환경을 사전에 모두 준비할 수 있다면 회사가 원하는 최상의 시나리오를 얻을 수 있다. 미래를 미리 볼 수 있는 능력이 있다면 현재를 지배할 수 있다. 그렇기에 기업은 미래를 예측하는 데 최선을 다해야 한다.

개인도 마찬가지다. 배우 송중기가 활약했던 드라마 〈재벌집 막내아들〉에서는 주인공이 미래에 주식 가격이 어떻게 변할지, 부동산에 호재는 언제 어떻게 나올 것인지, 시점에 따라 환율이 얼마나 오르고 내릴 것인지를 미리 알고 매 순간 최고의 투자 결정을 하면서 거대한 부를 쌓게 된다. 오판하고 있는 상대방과의 대조를 통해 확신과 자신감이 가득한 주인공의 의사결정이 통쾌함과 짜릿함을 준다.

이런 드라마 속 이야기를 이제 AI와 데이터 분석이 가능케 한다. 데이터를 다루는 사람은 데이터 속에서 미래를 예측할 수 있다고 믿는다. 정확도의 차이가 있을 뿐, 과거와 현재를 충분히 분석하면 미래를 어느 정도 예측할 수 있다고 생각하는 것이다. 비즈니스에 도움이 되는 가치를 창출하는 데이터 분석 data analytics 은 이를 다음과 같이 세 단계로 설명한다.

첫 번째는 '기술적 분석 descriptive analytics'에 해당한다. 과거에 있었던 일을 정리하고 요약하여 언제 무슨 일이 일어났는지 정리하는 가장 기본적인 단계로, 앞서 설명하기도 했다. 예를 들어, 최근 1년 동안 회사의 고객들이 매월 얼마나 새롭게 유입되고 있는지, 이탈하고 있는 고객들은 몇 명인지, 객단가는 올라가고 있는지 아닌지를 수치로 바꾸어 과거부터 현재까지의 흐름을 일목요연하게 표현할 수 있다. 주말 동안 쉬었던 여파로 매주 월요일마다 콜센터 상담 요청 건수가 평소보다 20% 더 많다는 것을 분석을 통해 알게 되면, 이에 대응하기 위해 20% 증원된 상담사를 배치하거나 서비스 제공 시간을 더 늘리는 식의 정책을 사용하게 된다. 이처럼 과거 데이터를 분석하면서 발견하는 반복되는 패턴이 미래를 알게 해주는 중요한 정보가 된다. 이렇게 과거와 현재를 정복하고 나면 자연스럽게 미래도 궁금해진다.

이러한 필요에 따라 두 번째 단계인 '예측 분석 predictive analytics'이 이루어진다. 말 그대로 미래에 있을 것 같은 일을 예측하는 기법에 해당하며, 콜센터의 콜 수요 예측을 통해 향후 한 달 치 상담원 근무 스케줄을 작성하는 식으로 활용하고 있다.

식당에서 내일 팔려고 하는 전복을 창고에 오늘 얼마나 가져다 놓아야 할까 같은 질문에 대한 답을 찾는 과정도 예측 분석에 해당한다. 가령 내일이 일요일이라고 할 때 평소 일요일마다 전복이 몇 개나 팔렸는지를 알고 있어야 올바른 재고를 유지할 수 있다.

또, 이번 주 일요일이 마침 복날이라면 평소 복날에 인기가 많았던 전복 삼계탕 메뉴 덕분에 전복에 대한 추가 수요가 얼마나 발생할지 예측할 수 있어야 정확도가 올라간다. 이렇게 과거 데이터에 숨어 있는 반복되는 패턴을 파악하려는 데이터 분석 기법을 통해 미래를 예측할 수 있게 된다.

세 번째는 궁극의 단계로, '처방 분석 prescriptive analytics'이다. 데이터와 예측 모델을 활용해 구체적이고 실행 가능한 의사결정을 제시하는 고급 분석 방법이다. 단순히 과거 데이터나 미래 예측에 그치지 않고 실제 문제 해결을 위한 최적의 경로와 전략을 도출한다. 미래를 예측할 때에는 다양한 시나리오별로 아주 긍정적인 전망치부터 부정적인 전망치까지 다양한 경우의 수가 펼쳐지게 되는데, 각 시나리오를 가정하고 시나리오가 발생할 확률을 고려하여 현시점에서 최적의 의사결정을 내리는 것을 의미한다.

예를 들어, 환율이 계속해서 올라갈 것이라고 가정하고 상품 제조에 필요한 원자재를 얼마나 발주할 것인지 결정하는 일이나, 코로나 사태와 같은 중대 사건이 오랫동안 지속하게 된다면 생산량을 얼마로 조정해야 하는지 등 최적의 의사결정을 내리는 것이 처방 분석에 해당한다. 요약하면 과거 데이터를 분석하여 충분히 배우는 일, 그리고 이를 바탕으로 미래를 하는 일, 마지막으로 다양한 미래 시나리오 속에서 결국 지금 내려야만 하는 단 하나의 의사결정을 내리는 일로 세 단계 데이터 분석 기법을 요약할 수 있다.

비즈니스 관점에서 보면 미래를 예측하고 최상의 의사결정을 내리는 지혜와 용기가 이러한 이론적 토대를 근거로 하고 있다. 그렇다면 일련의 데이터 분석 활동을 AI가 잘 수행할 수 있을까? 당연히 그렇다. 물론 조건부로 그렇다고 하는 것이 더 올바르겠다. 그 조건이라는 것은 데이터 속에서 반복되는 패턴이 존재하고 미래에도 강하게 발현되어야 한다는 점이며, 만약 과거에 한 번도 경험한 적이 없는 새로운 패턴이 등장한다면(예: 역사상 가장 큰 주가 하락을 기록한 블랙 먼데이 사건, 트럼프 정부 2기에서 발휘한 고관세 정책) AI라도 미래 예측에 실패할 수 있다. 그러나 우리가 사는 세상이 계속해서 되풀이되는 일들이 더 자주 있고, 그 기회 속에서 비즈니스 가치를 높이는 의사결정을 통해 이익을 극대화하고 손실을 최소화할 수 있기 때문에 이러한 모든 기회를 포착하는 데 AI가 큰 역할을 할 수 있다.

데이터 분석은 진화한다

데이터 분석 기법뿐 아니라 데이터 소스 역시 시간에 따라 진화해 왔다. 인터넷의 등장과 센서 데이터 기술의 발전은 인류가 그동안 할 수 없었던 것들을 가능하게 해주었다. 곧, 사용자 행동 이력**user behavior** 정보를 수집할 수 있게 해주었으며, 이에 따라 고객의 행동을 분석하고 비즈니스에 활용하는 일이 가능해졌다.

데이터 분석 기술 발전의 첫 단계에서는 주로 관계형 데이터베이스relational database에 저장된 정형화된 정량적 데이터를 분석 대상으로 삼았다. 기업의 전사적 자원 관리ERP: Enterprise Resource Planning 시스템이나 고객 관계 관리CRM: Customer Relationship Management 시스템 등에 잘 구조화되어 저장된 판매 데이터, 고객 정보, 재무 데이터 등이 그런 것들이다. 이 단계에서는 테이블 형태로 깔끔하게 정리된 데이터를 분석해 기업 운영 현황을 파악하고 관리하는 데 중점을 두었다.

그다음으로 데이터 소스의 확장 관점에서 사용자 행동 이력을 수집하고 분석하는 일이 인터넷의 발달과 함께 일반화되었다. 온라인 채널을 통해서 수집되는 웹 데이터가 중요한 분석 대상으로 떠올랐다. 사용자들이 웹사이트와 상호작용하면서 남기는 로그 데이터, 온라인 쇼핑몰의 고객 리뷰, 소셜 미디어 게시글과 댓글 등 비정형 데이터와 반정형 데이터의 중요성이 커졌다. 이러한 온라인 데이터를 분석하여 고객의 행동 패턴, 선호도, 의견 등을 파악하고 마케팅 전략이나 서비스 개선에 활용하기 시작했다. 고객의 마우스 클릭 경로를 추적하는 클릭 스트림, 검색 기록, 소셜 미디어상의 언급 등 다양한 형태의 행동 데이터가 새로운 분석 자원으로 활용된 시기이다.

온라인상에서 발전해온 데이터 중심의 기술 문명의 다음 타깃은 다시 오프라인이었다. 새로운 데이터를 수집한다는 관점에서 보면 스마트폰과 사물인터넷IoT: Internet of Things 기술의 확산이라는 특징을 보인다. 모바일 기기에서 수집되는 사용자의 위치 정보, 앱 사용 기록, 센서 데이터(예: 활동량 측정) 등과 더불어 스마트 가전, 웨어러블 기기, 산업용 센서 등 여러 IoT 기기에서 생성되는 방대한 데이터를 새로운 분석 대상으로 포함하게 되었다. 이러한 데이터를 통해 사용자의 실시간 상황과 맥락을 파악하고 더욱 개인화되고 지능화된 서비스를 제공하는 것이 가능해졌다.

스마트폰의 위치 정보를 활용하여 주변 맛집을 추천하거나, 웨어러블 기기의 센서 데이터를 분석하여 건강 이상 징후를 감지하는 등 서비스가 이 시기에 등장했다. 최근의 분석은 AI, 특히 딥러닝 기술과 결합하여 더욱 강력한 성능을 발휘하고 있다. AI 기반 분석 모델은 복잡한 패턴을 학습하고 정확한 예측을 수행하는 데 탁월한 능력을 보여준다. 물론 기술적 난이도가 높고 기업 간의 경쟁 또한 매우 치열하다.

하지만 흥미로운 점은 반드시 최첨단 AI 기술을 사용해야만 가치 있는 분석 결과를 얻을 수 있는 것이 아니라는 사실이다. 데이터를 잘 이해하고 체계적으로 축적하는 것만으로도 놀라운 통찰력을 얻고 비즈니스 가치를 창출할 수 있다. 많은 경우 기술적 분석 수준만으로도 충분히 의미 있는 결과를 도출할 수 있다. 예를 들어, 세금 납부 데이터를 활용하여 특정 지역에서 세금을 많이 내는 빵집을 찾아낸다면 그곳이 맛집일 가능성이 높다고 합리적으로 추정할 수 있다. 이는 복잡한 모델 없이 단순한 데이터 조회와 비교만으로 얻을 수 있는 통찰이다. 또, 내비게이션 서비스를 제공하는 회사는 사용자들이 목적지로 설정하는 데이터를 통해 특정 골프장 주변의 인기 있는 맛집 정보를 쉽게 파악할 수 있다. 사람들이 해당 음식점을 목적지로 설정하고 찾아가기 때문이다. 이처럼 어떤 데이터가 가치 있는지 식별하고 이를 적절히 활용하는 능력이 중요하다.

데이터 속에 미래의 단서가 있다

데이터 속에 숨어 있는 패턴을 찾을 수 있다면 미래를 예측할 수 있다. 더 좋은 패턴을 잘 찾기 위해서는 두 가지 조건이 필요하다. 하나는 주어진 데이터 속에서 미래 패턴을 찾아내는 분석 능력이며, 다른 하나는 실제로 좋은 데이터를 확보하는 것이다. 데이터 분석 방법론에 대해서 이미 설명했기에, 이제 '더 좋은 데이터'가 무엇인지 알아보려 한다.

 데이터 분석을 오랫동안 해온 학자들은 분석에 사용되는 데이터의 확장을 세 가지로 구분한다. 첫 번째는 기업들이 잘 정의해서 사용하고 있는 데이터베이스 상에 정리된 데이터다. 예를 들어 신용카드 회사는 가입자들의 회원 정보부터 언제 어떤 가맹점에서 카드를 사용했는지, 대금 납입을 잘하고 있는지, 어떤 부가 혜택을 받고 있는지 등 정보를 수집하고 있다. 직접 사업을 추진하는 기업이라면 자사 플랫폼에서 수집하는 거의 모든 정형화된 데이터가 여기에 속한다고 볼 수 있다.

두 번째는 인터넷이 탄생하면서 새롭게 수집하게 된 온라인상의 데이터다. 사용자들이 커머스 플랫폼에서 쇼핑 등을 할 때 일거수일투족을 데이터로 수집한다. 검색을 하고, 상품을 클릭하고, 상품 후기를 댓글과 별점으로 남기는 등의 행동 이력이 웹 데이터에 해당한다.

세 번째는 모바일 디바이스와 IoT 센서를 통해서 수집되는 다양한 위치 정보, 사진 및 동영상 데이터다. 이렇게 데이터 소스가 확장되면서 유형이 다양해지고 그 양도 매우 많아졌다. 쏟아져 나오는 데이터를 분석해 미래 예측을 위한 패턴을 찾고 싶다면 다음 그림을 참고하면서 무슨 프로젝트를 수행해야 할지 로드맵을 그릴 수 있다.

이 프레임워크는 데이터 분석 기법의 세 가지 발전 단계와 활용되는 데이터 소스에 대한 세 단계 발전안을 한꺼번에 고려하여 총 아홉 개의 셀로 각 단계를 표현한 것이다. 세로축은 앞서 설명한 세 단계 분석 기술 수준을 의미한다. 위로 올라갈수록 알고리즘이 점점 고도화된다고 이해해도 좋다. 분석 능력이 향상되면 더 나은

	데이터베이스	웹	모바일&IoT
처방 분석	예) 수요 예측 결과치를 기반으로, 상담원별 숙련도를 고려한 배치 스케줄링 최적화	예) 온라인에서 판매 중인 상품 품절시 디지털 마케팅 집행 최적화	예) 코로나 확산 수준에 따라 병원 혼잡도 분석
예측 분석	예) 최근 1년 콜센터 상담 이력을 바탕으로 다음 달 상담 수요 예측	예) 온라인 SNS 사용량을 분석하여 선거에서 누가 이길 것인지 예측	예) 미세먼지 측정 수치 및 미세먼지 앱 사용량 기반 공기청정기 판매량 예측
기술적 분석	예) 기간별 콜 상담 수요 모니터링	예) 일자별, 시간대별 신선식품(전복) 주문량 통계	예) 지역별, 시간대별 모바일 앱 택시 호출 현황 집계

데이터 분석의 발전과 프레임워크

미래 예측과 의사결정을 할 수 있게 된다. 가로축도 중요하다. 이는 데이터 확장에 따른 발전을 의미한다.

시작점은 좌측 하단에 있는 셀로, 기업의 데이터베이스 상의 과거 데이터를 분석하는 단계이다. 여기서 위로 한 칸 올라가면 미래 예측치를 맞추려고 노력하는 단계이고, 다시 그 위로 가게 되면 비즈니스 관점에서 최적의 의사결정을 내리는 데 미래 정보를 사용하는 단계다.

다시 시작점으로 돌아와 우측으로 가보자. 과거 데이터 분석을 하는 것은 동일하지만 분석 대상이 되는 데이터 확장 측면에서 차별화가 된다. 예를 들어 온라인 마켓의 특정 상품에 대한 검색량을 반영하거나, 신문기사 내용에 '좋아요' 개수를 살펴보는 것이다. 만약 어제나 오늘 검색량이 크게 증가하는 패턴이 확인되었다면, 내일의 새로운 수요 변화를 감지하는 데 아주 중요한 데이터가 될 것이다.

다음으로 우측으로 한 칸 더 가면 모바일 디바이스와 IoT 데이터의 경우를 볼 수 있다. 모바일 택시 배차 서비스를 사용하고 있는 사용자들이 어떤 지역에서 무슨 시간대에 활발하게 사용하는지를 상세하게 파악할 수 있다면 동일 시간대, 특정 지역에 차량을 우선 배차하도록 유도해주는 데 사용되는 기초자료로 쓰일 수 있다. 이런 것들이 바로 '좋은 데이터'가 된다.

이와 같이 미래를 예측하는 과정에 있어서도 다양한 데이터가 필요하고, 각 데이터 소스별로 고유의 데이터 패턴을 발굴하여 기여하는 데 역할을 한다는 것을 기억해야 한다. 인간이 따라갈 수 없이 많은 양의 데이터를 AI가 분석할 수 있다는 점을 잊지 않는다면, 가로축의 확장을 통해 미래 예측의 열쇠가 빅데이터 분석에 있다는 것을 알 수 있다. 학습된 데이터양만으로도 정교한 미래 예측이 가능하다는 이야기다.

데이터는 직접 수집할 수도 있고, 온라인에서 크롤링**crawling**(기계적 데이터 수집)을 통해 마구잡이로 끌어모으거나, 다른 기업과 제휴해서 얻거나, M&A를 통해 단번에 대량의 데이터를 구입할 수도 있다. 중요한 것은 양과 질 양면에서 데이터 확보에 대한 노력을 기울여야 더 발전된 데이터 분석 결과를 얻을 수 있다는 점이다.

멀티모달 러닝으로
미래 예측 정확도 높이기

빅데이터 관점에서 보면, 데이터의 크기가 크고 데이터가 생성되고 사용되는 속도가 매우 빠르며(1초에 수십만 건) 숫자, 문자, 이미지, 동영상 등 다양한 포맷을 가질수록 더 많은 정보를 담고 있는 데이터 소스라고 할 수 있다. 이러한 데이터를 분석해 가치를 창출하는 과정이 빅데이터 처리의 핵심이다. 이는 더 낫고 더 빠른 의사결정을 하게 해주며 기존에 알지 못했던 새로운 비즈니스 기회를 창출하기도 한다. 다양한 데이터를 분석하는 것은 분명 난이도가 높지만 그만큼 효과가 탁월하다.

    초등학교 시절 시청각교육실에 모여 나비가 애벌레에서 부화해 날아가는 영상을 본 적이 있는가? 그 과정을 영상으로 배우는 것과 글로 배우는 것에는 큰 차이가 있다. 글로 배우는 것보다 영상을 통해 얻는 정보가 훨씬 직관적이고 풍부하다는 사실에 누구나 동의할 것이다. 사람에게 그렇듯, 기계의 학습도 마찬가지이다. AI가 시청각 자료를 통해 학습하도록 하는 방식을 '멀티모달 러닝 Multi-modal Learning'이라고 한다.

수치, 글, 그림, 영상 등은 모두 데이터이지만 각각의 표현 방식과 저장 포맷이 다르다. 따라서 서로 다른 형태의 데이터를 기계가 이해하고 학습하려면 추가적인 처리와 구조화가 필요하다. 멀티모달 러닝은 이런 다양한 데이터를 종합적으로 분석해 하나의 공통된 목표를 해결하도록 하는 과정이다. 예를 들어, 위험 대비 수익률 risk-adjusted return을 극대화하는 투자 포트폴리오 생성을 목표로 설정하고, 주가의 흐름, 거래량, 신문기사, 경제 방송 데이터를 모두 분석하여 매매 전략을 만드는 경우를 생각해볼 수 있다.

멀티모달 러닝의 또 다른 예로 저자가 실제로 수행했던 도서 수요 예측 프로젝트를 들 수 있다. 도서 판매량을 예측할 수 있다면 효율적인 재고관리를 통해 소모 비용을 줄이고 매출을 극대화할 수 있을 것이다. 문제는 어떻게 '정확한' 예측을 할 수 있는지다. 이 프로젝트에서는 국내 최대 도서 유통사와 함께 기존 도서들의 날짜별 수요에 대한 시계열 분석을 통해 미래 수요를 예측해보려 했다.

다음 그림의 상단 그래프에서 검은 선은 유통사에서 기존에 사용하고 있던 예측 알고리즘에 따른 수요를, 빨간 선은 실제 도서 판매량을 나타낸다. 4주간의 판매량만 다루기 때문에 아주 간단한 미래 예측이라고 생각할 수 있지만, 단순히 평균치를 내면 세부적인 변화를 감지하기 어려워 빨간 선과 검은 선의 격차가 발생하게 된다. 예측이 실패했다는 의미다. 빨간 선이 검은 선보다 위에 있으

기존 방식의 수요 예측

판매량 과대/과소 예측 위험성 높음
- 과거 판매량의 평균을 사용함
- 평균치는 큰 값이나 작은 값 하나에도 크게 바뀌는 성질 있음
→ 매출이 급증한 날이 포함된 경우 과대 예측
→ 매출이 급감한 날이 포함된 경우 과소 예측

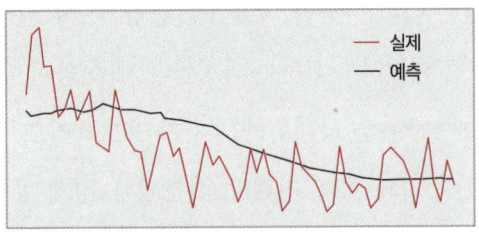

AI 수요 예측 솔루션 적용

기존보다 정확한 예측 가능
- 기존 방식 대비 다양한 추가 변수들을 고려하여 예측 정확도 향상
- 예측에 중요한 변수에 높은 가중치 부여
- 여전히 판매량이 급증하는 경우, 새로운 변수 추가하여 예측 시행

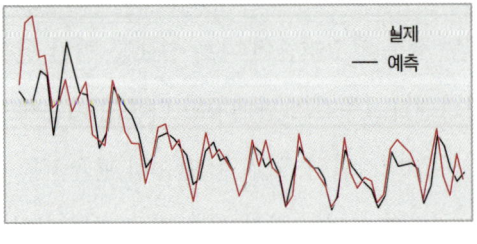

AI 수요 예측 솔루션에 따른 변화

면 준비된 재고량보다 실제 판매량이 더 많으므로 품절이 발생한다. 상품만 있었다면 충분히 더 팔 수 있었을 텐데 소중한 매출을 날린 셈이다. 반대로 빨간 선이 검은 선보다 아래에 있으면 재고가 쓸데없이 많아 창고에 자리를 차지하고 있는 상황을 일으킨다. 보관 비용이 발생할 뿐 아니라, 다른 책에 사용할 자금 유동성도 낮아지게 된다.

결과적으로 이 프로젝트는 도서 판매량 시계열 데이터를 분석해 정교하게 미래 수요량을 예측하는 AI를 개발해 하단의 그래프와 같이 재고 관리를 개선했다. 눈으로만 봐도 검은 선과 빨간 선의 격차가 줄어들었다. 당시 프로젝트에서는 기존에 존재하던 에러(수요 전망과 실제 판매량의 격차)를 40%가량 감소시키는 성과를 냈다. 해당 기업의 재고 관리 비용과 판매 손실분을 대폭 줄인 것이다. 또, 여기서 그치지 않고 다음 그림과 같이 최대 28일까지의 판매량을 예측해, 그다음 한 달 치 수요에 대한 자동 재발주를 AI가 담당하도록 했다. 이는 분명한 재무적 기여와 운영 효율화를 통해 '돈 버는 AI' 비즈니스 모델이 가능하다는 것을 입증한 사례다.

여기까지 진행한 도서 판매 예측은 시간 흐름에 따른 시계열 분석을 중심으로 했기 때문에 엄밀히 말해 멀티모달 러닝에 해당하지는 않는다. 이후 유통사에서 다시 한번 중대한 요청이 이어졌다. 이전 판매 데이터가 없는 도서에 대해서도 수요 예측을 해줄 수 있느냐는 것이었다.

예측 기간 1일

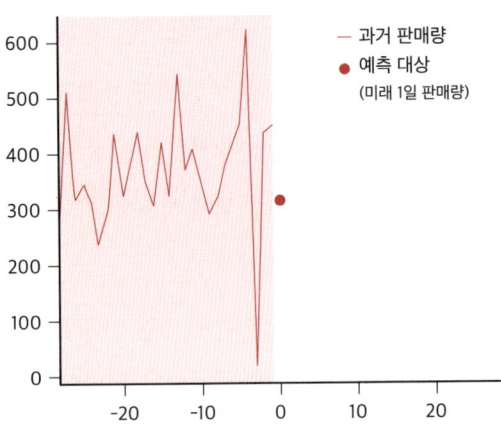

예측 기간 28일

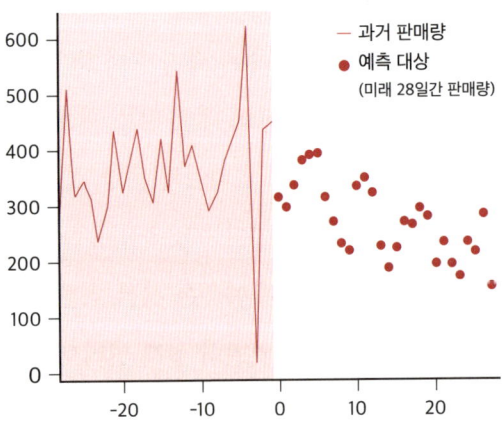

예측 기간에 따른 변화

책이 잘 팔릴지 아닌지는 점집에 가서 물어봐야 하는 것 아닐까? 인간은 도저히 예측할 수 없는 미래이지 않은가? 하지만 지금까지 계속 이야기했듯 AI는 이 문제를 분명 해결할 수 있다. 기계라면 모든 책을 다 읽고, 표지 이미지를 모두 해석하고, 작가가 어떤 사람인지 조사해 정리하고, 인터넷 여론을 파악하는 등 방대한 데이터 분석을 해낼 수 있다. 그렇다면 이런 데이터를 바탕으로 미래 판매량을 예측할 수 있지 않을까? '믿고 만들면 가능하다'라고 앞서 이야기한 것처럼 인간이 아닌 초지능의 입장을 상상하며 고민을 시작했다.

우선 초기 모델 개발을 위해 AI 모델에 책 10만 권을 모두 읽혀 책을 구성하는 단어와 단어 간의 관계를 파악하고, 어떤 주제를 어떤 스타일로 풀어내는지 학습시켰다. 그다음으로는 책의 표지 이미지를 해석하도록 했다. 책 내용만큼이나 표지가 얼마나 좋은지가 판매에 큰 영향을 미친다는 건 분명했기 때문이다. 그에 따라 이미지 경향과 판매량에 대해 학습하고 분석하는 작업을 거쳤다. 마지막으로, 작가의 과거 도서 판매량과 명성 등을 따로 정리해 학습시켰다. 비로소 멀티모달 러닝이 이루어졌다. 각 데이터 소스별로 해석된 정보를 다시 하나의 심층인공신경망으로 통합했다. 결과적으로 내용, 표지, 저자와 출판사 정보를 바탕으로 출간 첫 달에 몇 권이 팔리게 될 것인지를 예측하는 모형 개발에 성공할 수 있었다.

중요한 것은 정확도와 성과 평가다. 그러나 이 사례에서는 좌절의 순간도 있었다. 이른바 '대박 난 책'이 무엇인지 AI가 잘 맞추지는 못했다. 이는 요즘 출판 트렌드와도 관련이 있다. 시간이 갈수록 베스트셀러의 종수와 판매량이 줄어드는 경향 때문에 학습용 데이터 관점에서 보면 매우 희귀한 사례가 되었다. 애초에 사례 확보가 힘들었던 것이다. 결국 베스트셀러 예측이 어렵다는 점에서 아쉬운 점이 있었지만, 곧이어 반전이 있었다.

출간 첫 달에 100권 이하로 팔리는 '소박' 도서를 매우 높은 정확도로 AI가 찾아낸 것이다. 출판계에서 소박은 대박만큼이나 의미 있다. 워낙 책 종류가 다양하고 숫자도 많기 때문에 몇 권이라도 팔릴 만한 도서를 미리 파악해 서점에 가져다놓을 수 있다면 매출에 긍정적인 영향을 준다. 곧 AI가 소박 도서들을 찾아내 안정적으로 재고를 확보하고 공급하게 되면서 매출을 보존할 수 있었다. 특히 유명 저자가 아니면서, 번듯한 추천사도 없었고, 별도 마케팅을 하지 않았지만 오로지 책의 기본기가 탄탄하여 첫 달에 50권 정도는 판매될 수 있을 도서들을 AI가 정확하게 집어내기도 했다.

이 사례에서는 멀티모달 러닝에서 사용된 각 데이터 소스들이 수요를 예측하는 데 얼마나 도움을 주는지 측정할 수 있었다는 점도 가치가 있다. 분석 결과, 도서 표지 정보는 책의 판매량을 예측하는 데 약 15% 정도 영향을 주는 것으로 나타났다. 막연하게 표지가 재밌어 보이거나 마음에 들어서 책을 산다고 생각하는 게 아니라, 실제 표지의 이미지 데이터가 판매량에 기여하는 정도를 정량적으로 측정해볼 수 있었던 의미 있는 프로젝트였다.

이러한 멀티모달 러닝을 통해 각 데이터 소스별로 예측 정확도를 높이는 데 얼마나 중요한 역할을 하는지 측정할 수 있게 되면 후속 프로젝트(투자 포트폴리오 생성, 광고 예산 최적화 등)에도 긍정적인 영향을 준다. 어떤 데이터가 얼마나, 왜 중요하고, 그것을 어떻게 확보하고 학습에 활용해야 하는지 전략적으로 접근할 수 있도록 해준다.

AI는 '대박'을 재현할 수 있을까

미래 예측 AI가 있다면 누구나 초대박 성공을 원할 것이다. 어떤 책이 가장 크게 성공할지, 어떤 드라마, 영화, 노래가 전 세계적으로 히트를 칠 것인지 제작 단계에서 예측할 수 있다면 진정한 '돈 버는 AI'가 탄생하는 셈이다.

그러나 아이러니하게도 초대박을 정확히 예측하는 일은 AI에게 가장 어려운 과제 중 하나다. AI는 방대한 데이터를 학습해 패턴을 찾아내는데, 초대박 사례에 해당하는 데이터는 매우 이례적이고, 통계적으로 보면 일반 분포에서 멀리 떨어진 '이상치^{outlier}'

에 해당하기 때문이다. 폭발적인 수익을 낸 금융 상품이나 조회 수가 이례적으로 올라가는 유튜브 영상의 사례는 발생 빈도가 낮고 일반적인 패턴에서 벗어나 있기 때문에 그 속에서 공통적인 규칙을 찾아내기가 어렵다. AI가 학습하는 것은 결국 데이터에 반복적으로 나타나는 규칙성이기 때문에 초대박 사례는 학습에 불리한 것이다. 그렇다고 해서 아예 극단적인 사례를 지나치게 강조해 학습시키면, 모델이 특정 상황에만 맞춰 편향적인 결과는 내는 과적합 overfitting 문제가 발생한다.

결국 AI는 초대박보다 안정적으로 평균 이상의 결과를 내는 패턴을 찾는 데 더 능숙하다. 이를 당장은 극복하기는 어렵지만 한 가지 실마리는 있다. 이상치를 탐지하고 분석하는 이상 탐지 anomaly detection 기술은 데이터 속에서 드물게 등장하는 이상치를 포착할 수 있고, 그 이상치가 훗날 초대박 사건으로 이어질 가능성을 사전에 감지할 수도 있다.

다만 인간의 창의성에서 비롯된 완전히 새로운 콘텐츠나 아이디어는 어떠한 알고리즘으로도 완벽히 예측할 수는 없다는 점은 변하지 않는다. 그런 점에서 AI가 아무리 정교해져도 인간의 창의적 직관을 완전히 대체할 수 없다는 사실은 어쩌면 우리에게 작은 안도감을 주는 일일지도 모른다.

2장

AI를 비즈니스에 활용하라

"기술이 있다고 해서
다 돈을 버는 것은 아니다."

AI 초지능은 인간이 상상할 수 없는 데이터 학습과 분석, 미래 예측을 가능하게 해준다. 그렇다면 AI를 어떻게 비즈니스에 활용할 수 있을까? 기술이 있다고 해서 모두가 돈을 벌고 부자가 될 수 있는 것이 아니다. 기술에서 가치를 창출하고 사업적인 관점에서 그 가치를 확장할 수 있음을 증명해야 한다. 또, 이를 통해 시장에서 고객들로부터 지속적으로 선택받아야 한다. 결국 성공적인 AI 비즈니스를 구축하기 위해서 어디서부터 시작해야 할까?

비즈니스의 본질은
가치 창출이다

인공지능 사업화에 대해 논의하는 데 꼭 필요한 개념이 '디지털 트랜스포메이션' 또는 디지털 전환이다. 이는 디지털 기술을 통해 기업이 지금 하고 있는 비즈니스 프로세스를 개선해 비용 절감, 자동화 같은 경쟁 우위 요인을 만들어내거나 이전에 없었던 새로운 경제환경을 탄생시키는 과정이다. 다음의 도식은 이러한 디지털 진화 프로세스를 설명한다.

　우선 처음에는 디지털 전환 프로젝트를 통해 빅데이터라는 자원 또는 인프라가 생성되며, 이를 학습하고 가치를 생산하는 핵심 역할을 AI가 담당하게 된다. 그 결과 얻을 수 있는 결과는 비즈니

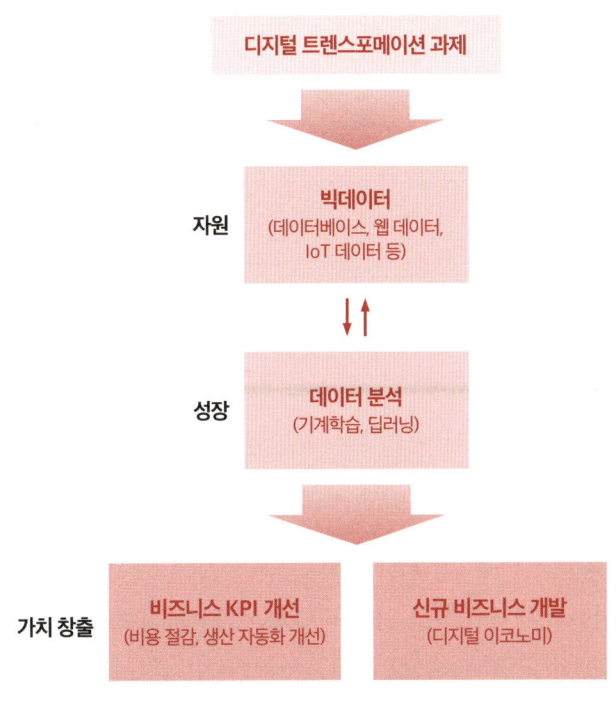

디지털 트랜스포메이션 과정

스 성과 지표 KPI: Key Performance Indicator를 개선하는 솔루션(우측 상단 박스)이 될 수 있고, 또는 새롭게 형성된 디지털 이코노미(우측 하단 박스)가 될 수도 있다. 중요한 것은, 이처럼 두 가지 측면에서 AI 비즈니스가 가능하다는 것과 이러한 성공을 위해서 반드시 데이터 자원과 인프라가 갖추어져 있어야 한다는 점이다.

그렇기에 기업이 추구해야 할 것은 원시 데이터 raw data로부터 실질적인 비즈니스 가치를 창출해내는 과정이다. 구체적으로는 원시 데이터를 단계별로 가공해나가는 파이프라인pipeline을 구축하고 이것을 기업의 핵심 운영 프로세스가 되도록 하는 일이다. 나아가서는 이러한 데이터를 기반으로 의사결정과 가치 창출 활동을 지원하고 장려하는 조직 구조, 성과 평가 시스템, 그리고 기업 문화까지 구축하는 일이 필요하다. 그래야만 진정한 의미의 데이터 기반 기업으로 거듭날 수 있다.

앞의 그림에서 설명하고 있듯 모든 가치 창출 활동의 시작점에는 데이터라는 자원이 필요하다. 오늘날 이야기하는 빅데이터 인프라는 바로 이 자원들을 담고 처리하는 그릇에 해당한다. 이러한 인프라를 구축하고 유지하는 데는 상당한 비용 투자가 요구된다. 일단 인프라가 구축되고 나서 다양한 경로(데이터베이스, 웹, 모바일 기기, IoT 등)를 통해 데이터가 수집·생성되기 시작하면 앞 장에서 설명한 데이터 분석 프레임워크의 가로축, 즉 데이터 소스가 완성되는 것이다.

이렇게 구축한 데이터 인프라 위에 분석 기술을 적용해 숨겨진 패턴을 찾고 미래를 예측해 최적의 방안을 도출하는 활동이 바로 성장을 이끄는 애널리틱스에 해당한다. 여기서 중요한 점은 데이터 인프라를 설계, 구축, 운영하는 엔지니어와 데이터를 분석하여 비즈니스 문제를 해결하는 분석가에게 요구되는 역량과 적성이 다르다는 것이다. 마치 건물을 짓는 건축가와 그 건물 안에서 활동하는 사람이 다르듯, 안정적인 데이터 환경을 만드는 전문가와 그

환경 위에서 창의적인 분석을 수행하는 전문가를 구분할 필요가 있다.

물론 스타트업과 같은 소규모로 시작하는 기업에서는 한 사람이 여러 역할을 맡을 수도 있지만, 점차 조직이 성장하고 전문화되면 역할 분담은 자연스럽게 이루어진다. 후자인 데이터 분석 전문가는 상품 추천 시스템을 개발해 매출을 증대하거나, 금융 포트폴리오 최적화 모델을 만들어 투자 수익률을 높이는 등 실질적인 비즈니스 성과를 증명할 수 있다. 이들은 데이터를 통해 기업의 성장과 수익성에 직접 기여하는 주역이 된다.

이처럼 데이터 자원 확보에서 시작해 분석을 통한 성장 동력 확보, 최종적으로 KPI 개선이라는 가치 창출로 이어지는 일련의 과정을 우리는 디지털 트랜스포메이션이라고 부른다. 디지털 트랜스포메이션의 궁극적인 목표는 단순히 기존 비즈니스의 효율성을 높이는 것을 넘어 새로운 디지털 이코노미를 창출하는 데 있다. 즉, 데이터와 기술을 기반으로 새로운 형태의 거래 자체를 만들어내는 디지털 플랫폼을 구축하는 것이다.

우리가 일상에서 사용하는 배달의 민족, 쿠팡, 유튜브, 넷플릭스 등 플랫폼들이 바로 이러한 디지털 이코노미의 대표적인 예다. 이러한 플랫폼에서는 사용자의 활동을 통해 막대한 양의 데이터가 끊임없이 생성되는데, 이는 다시 플랫폼 내의 추천 시스템, 검색 엔진, 광고 시스템 등 다양한 분석 기술을 통해 서비스를 개선하고 사용자 경험을 향상하며 더 많은 거래를 유도하는 선순환 구조를 만들어낸다.

질문만 잘 던져도 돈이 된다

더 많은 정보를 바탕으로 내린 의사결정은 더 좋은 성과를 낸다. 문제는 더 많은 정보를 검토하고, 객관적인 데이터를 수집하는 데 상당한 시간과 노력이 든다는 점이었다. 그런데 이제는 챗GPT 같은 LLM 기반 서비스를 통해 더 많은 정보를 검토하는 데 드는 비용이 획기적으로 낮아졌다. 제공되는 정보의 품질 역시 수많은 전문 데이터를 분석해서 얻은 것이기 때문에 효용이 높다. 이제는 AI에게 '질문만' 잘해도 더 좋은 정보를 얻고 더 좋은 의사결정을 할 수 있다는 것이며, 결과적으로 돈을 더 많이 벌 수 있다는 것을 의미한다.

세상의 모든 거래는 수요와 공급을 연결하면서 이루어진다. 수요자는 자신이 원하는 재화나 서비스에 대해 좀 더 정확한 정보를 얻고 싶어 하는데, 다양한 디지털 플랫폼들 추천 서비스나 매칭 기술을 통해 수요자가 원하는 제품에 대한 정보를 효율적으로 제공해 의사결정을 지원해왔다. 이때 매칭 기술이 뛰어날수록 의사결정과 거래가 더 잘 성사된다.

LLM 기반의 질의응답 서비스도 크게 다르지 않다. 이 역시 수요(질문)와 공급(답변)을 연결하는 매칭 서비스 역할을 한다. 세상 거의 모든 정보에 접근성을 가지고서 필요한 곳에 빠르고 정확하게 공급하는 일을 하는 것이다.

LLM을 비롯한 AI 기술은 질문과 답이 초연결되는 환경을 가져왔다. 사람들이 원하는 정보를 이전보다 더 빠르고 효율적으로 찾으면서, 결과적으로 개인의 삶은 물론 기업의 의사결정 품질을 향상하며 더 나은 미래를 꿈꿀 수 있게 되었다. 이전까지 정보의 흐름을 독점하던 사람들에게 부가 집중되던 상황도 점차 해소될 것으로 본다.

AI는 결국 소프트웨어다

점점 발전하는 AI의 강력한 성능을 보고 경외심을 갖는 사람도 많을 것이다. 그렇다 하더라도 AI는 결국 소프트웨어이고, 투입한 데이터를 처리해 결과물을 내보내는 도구일 뿐이다. 물론 그 쓰임새가 무한한 가능성을 가져올 수 있기에 우리는 그것을 적극적으로 활용하고 통제해 가치를 창출해야 한다.

더 효율적인 배송 스케줄을 짜서 비용을 절감하거나, 상품 수요 예측을 더 정확히 해서 재고 비용을 줄이거나, 금융 상품 수익률을 올리는 식으로 가치를 창출할 수 있다. AI가 유튜브 영상을 모두 시청하고 광고주의 브랜드에 어울리지 않는 영상에서는 광고가 실리지 않도록 하는 솔루션을 만들 수 있다면 광고 효율을 급격히 올릴 수 있다. 궁극적으로는 인공지능의 강점을 살려 플랫폼으로 발전시키고, 새로운 거래를 담아내는 디지털 그릇이 되어 디지털 이코노미를 형성해 사업화를 이룩할 수 있다.

이제는 많은 사람에게 익숙한 오픈AI의 챗GPT는 인간처럼 대화가 가능한 AI를 언제 어디서든 사용하도록 하고 그 사용료를 청구하는 기존에 없던 방식의 수익 모델을 구축했다. 구글이 광고를 통해 우회적으로 사용료를 청구하는 것보다 더 강력한 비즈니스 모델을 증명했으며, 향후에는 챗GPT 사용을 통해 발생하는 트래픽을 광고로 수익화하는 것도 가능한 플랫폼으로 진화하고 있다.

AI로 기존 사업을 발전시키고 싶은 경영자에게 이상적인 사업 성과란 무엇일까? 우선 구성원들이 AI 기술을 활용해 과거 또는 미래 정보를 적시에 정확하게 다루면서 최적의 의사결정을 해내도록 하는 조직을 만들어야 한다. 그리고 그것을 바탕으로 지속 가능한 성과를 내면서 기존 시장에서 담아내지 못했던 고객을 대거 확보하는 비파괴적 혁신을 실현하는 것이라 말하고 싶다. 이러한 AI 비즈니스의 성과를 현실화하는 기업 사례를 이어 살펴보고자 한다.

성공적인 예측과 최적화
: 뱅크샐러드

한국의 핀테크 기업 뱅크샐러드^{Banksalad}는 신용카드 추천과 오픈뱅킹 서비스로 초기 명성을 쌓으며 성장한 개인자산관리^{PFM} 서비스다. 뱅크샐러드가 초기 고객을 확보하는 데에는 신용카드 추천 서비스가 효자 역할을 했다. 신용카드 사용자에게 더 나은 혜택을 줄 수 있도록 최적화된 결과를 찾아 추천하는 서비스로 명성을 얻었다.

우선 뱅크샐러드의 서비스를 최적화의 관점에서 살펴볼 필요가 있다. 기본적으로 최적화는 매우 어려운 과제다. 한국에서 신규 가입이 가능한 신용카드 개수가 약 3,700개라고 할 때, 그 가운데 어떤 것이 사용자에게 맞는지 찾을 수 있을까? 또, 사용자가 어떻게 그 결과에 확신을 가질 수 있도록 했을까?

뱅크샐러드의 신용카드 추천 AI는 사용자가 기존에 갖고 있던 신용카드보다 더 많은 혜택을 받을 수 있는 상품이 무엇인지 전수조사한다. '금전적인 혜택을 가장 많이 주는 카드 리스트 Top 10' 같은 식이다. 이를 위해 사용자가 평소 어떤 카테고리에(교통, 외식, 여행 등) 얼만큼의 돈을 사용하는지 정보가 필요하다. 이는 과거 사용 이력을 분석해 가계부 형태로 소비 패턴을 파악하는 것과 같다. 그러고 나서 카테고리마다 각 신용카드가 얼마나 할인 혜택이나

리워드 포인트를 제공하는지 확인한다. 3,700개 카드를 하나하나 바꿔보면서 시뮬레이션을 하는 것이다.

각 카드별 예상 혜택을 예측하는 과정은 앞서 이야기한 예측분석에 해당한다. AI는 이 분석을 통해 사용자의 소비 패턴에 따라 가장 큰 혜택을 제공할 수 있는 최적의 카드 조합을 찾아낸다. 혹은 카테고리나 상황별로 각각 사용할 수 있는 카드를 추천하기도 한다. 과거 데이터를 바탕으로 가계부를 만들고, 시뮬레이션을 통해 예상 혜택의 크기를 계산하고, 결과적으로 어떤 카드를 사용했을 때 최적의 결과가 나오는지 찾아내는 일련의 과정을 충실히 수행한다. 이 서비스는 24시간 언제나 동일한 품질과 일관된 분석을 제공한다. 그럼으로써 사용자가 최적화된 결과를 얻었다는 만족감도 준다. 과거에는 사람이 직접 제공하기 어려웠던 정밀한 개인 맞춤형 카드 컨설팅을 실현한 셈이다.

뱅크샐러드 조직 구성원들에게는 신용카드 추천과 마찬가지로 보험이나 대출 상품을 추천하는 AI 솔루션을 제작하는 것도 가능한 일이었다. 이러한 추천을 받은 고객이 실제로 계약을 진행하게 되면 플랫폼은 자연스럽게 금융 상품을 소개하고 계약 수수료도 얻는 구조를 형성할 수 있다. 추천 AI가 단순히 분석 도구를 넘어 플랫폼 중심의 금융 상품 매개 비즈니스 모델로 발전할 수 있는 기반을 마련한 셈이다.

또, 플랫폼 내에서는 고객들의 관심사와 소비 성향에 대한 데이터가 지속적으로 쌓인다. 어떤 상품을 추천받아 계약이 체결되었는지, 또는 실패로 끝났는지에 대한 데이터가 누적되면서 AI는 점점 더 정교한 추천 알고리즘을 학습할 수 있다. 이러한 과정이 금융 상품 추천의 노하우를 축적하고 경쟁력을 강화하는 배경이 된다.

데이터의 힘으로 금융 예측력을 높이다
: 고위드

데이터 기반 의사결정의 힘을 보여주는 또 다른 비즈니스 사례로 금융 솔루션을 제공하는 '고위드Gowid'를 들 수 있다. 고위드는 혁신적인 기술이나 아이디어를 가진 초기 단계 스타트업과 벤처기업을 대상으로 법인카드 발급과 관련 금융 서비스를 제공하는 핀테크 기업이다. 초기 스타트업은 재무 이력이나 담보 자산이 부족하기 때문에 대형 은행이나 카드사로부터 법인카드 발급을 거절당하거나, 발급받더라도 매우 낮은 한도를 부여받곤 한다. 이는 초기 스타트업의 원활한 운영과 성장에 큰 제약이 된다.

고위드는 바로 이런 고충을 해결한다. 이 회사의 핵심 경쟁력은 데이터를 활용해 스타트업의 신용 리스크를 평가하는 독특한 방식에 있다. 고위드는 법인카드 발급과 사용 데이터는 물론 고객사의 동의를 얻어 해당 회사의 주거래 은행 계좌의 입출금 내역 전체를 실시간으로 모니터링한다. 이를 통해 고객사의 현금 흐름 상황을 상세하게 파악할 수 있다.

이것이 왜 중요할까? 전통적인 기업 신용 평가는 주로 과거의 손익계산서나 재무상태표 등을 분석하여 이루어진다. 그런데 재무제표는 보통 분기 또는 연 단위로 작성되기 때문에 기업의 현재 재무 상태를 실시간으로 반영하지는 못한다. 이와 달리 고위드가 활용하는 실시간 계좌 입출금 내역 데이터는 현금 유입과 유출을 즉각적으로 보여주는 강력한 상태 지표다. 만약 어떤 스타트업이 매출 급감, 대규모 지출, 투자 유치 실패 등으로 재정적인 어려움에 처하게 된다면 고위드는 그 징후를 전통적인 분석 방식보다 비교할 수 없이 빠르게 감지할 수 있다. 마치 환자의 심박 수나 혈압을 실시간으로 모니터링해 위급 상황을 조기에 감지하는 것과 유사하다. 이런 빠른 위험 감지는 천재적인 예측 알고리즘이 아니라, 데이터 접근성과 수집 속도를 확보했기 때문에 가능하다.

고위드는 이렇게 확보한 고객사의 실시간 현금 흐름 데이터를 핵심 신용 평가 요소로 활용한다. 이를 바탕으로 재무 상태가 건전하다고 판단되는 기업에는 기존 금융권보다 더 높은 한도의 법인카드를 발급해준다. 나아가 이러한 데이터 기반 신용 평가를 바탕으로 스타트업에 필요한 운영 자금을 대출해주는 서비스까지 제공하고 있다. 변동성이 매우 크고 미래 예측이 어려운 스타트업 생태계의 특성을 고려해 시의적절하고 유연한 데이터 기반 금융 서비스를 제공함으로써 새로운 가치를 창출한 혁신적인 사례다.

또, 고위드는 사용자 편의성 측면에서도 혁신을 추구했다. 법인카드 사용 시 앱을 통해 영수증 사진을 찍어 간편히 제출하고 결재할 수 있는 시스템을 구축해 비용 처리 프로세스를 개선했다. 카드 신청 과정 또한 온라인으로 간단히 진행할 수 있도록 해서 전반적인 사용자 경험이 크게 향상했다.

결론적으로 고위드는 스타트업들이 기존 금융 시스템에서 겪고 있던 명확한 문제점(낮은 카드 한도, 불편한 비용 처리 등)을 데이터 기반의 혁신적인 접근 방식(실시간 현금 흐름 분석, 앱 기반 편의성 증대)으로 해결하고, 이를 통해 새로운 고객 가치를 창출하며 빠르게 성장하고 있는 핀테크 기업의 좋은 사례다. 이는 데이터의 힘과 서비스 차별화 전략이 어떻게 시너지를 내어 성공적인 비즈니스를 만들 수 있는지를 잘 보여준다.

돈 잘 쓰는 AI도 있다

돈 잘 버는 AI를 만들기 위해서는 반대로 '돈 잘 쓰는 AI'도 필요하다. 어떤 환경에서도 주어진 예산을 가장 효율적으로 집행하는 AI를 만든다면 비즈니스 관점에서 엄청난 이점을 가져다준다. 돈을 잘 쓰는 AI란 무엇인가? 금융 시장에서는 투자자의 투자금으로 주어진 기간 내에 최상의 수익률을 내는 경우에 해당한다. 이밖에도 기업이나 정부가 사업계획을 수립하고 집행하는 데에도 큰 도움이 되는 모델이다. 또다른 예로, 광고 시장에서는 주어진 예산을 가장 효율적으로 집행하여 최고의 매출 성과를 만들어내는 AI일 것이다.

광고 분야에서의 AI를 좀 더 자세히 살펴보자. 마찬가지로 AI는 과거 데이터를 학습하고, 미래의 광고 성과를 예측한 후 최적화된 의사결정의 결과를 내는 일련의 과정을 거친다. 이때 이전의 집행 예산과 성과에 대한 데이터, 광고 소재, 시장 경쟁 상황, 심지어는 거시경제 관점에서 살펴봐야 하는 여러 변수들까지도 필요할 수 있다.

또한 멀티모달 러닝을 위해 수치, 문자, 이미지, 동영상 같은 다양한 데이터 형태가 있으면 좋다. 그에 따라 광고주가 갖고 있는 전체 예산으로 어느 정도 규모의 광고를 제작할 수 있는지, 매체 별로 어떻게 예산을 배분해야 하는지를 판단해 전체적인 계획을 세울 수 있다. 나아가 집행과 성과 분석, 보고 업무까지 AI를 통해 자동화한다면 더할 나위 없는 최고의 마케팅 사업을 구현할 수 있다.

저자는 실제로 미국 실리콘밸리에 AdOASIS를 설립해 광고 AI 모델을 개발하고 제공하고 있다. 2024년 11월 미국 구글 본사에서 뽑은 광고 효율 최적화 분야 리서치 파트너에 국내 최초로 선정되었으며, 2025년 1월에는 최적화 모델링 분야 전 세계 최고 저널인 〈M&SOM〉에 광고 예산 최적화 최신 연구 결과를 게재하기도 했다. 현재까지도 한국을 포함한 전 세계 여러 광고주를 위해 '돈을 가장 잘 쓰는 AI' 에이전트를 만들고 있으며, 가까운 미래에 광고비 매출을 가장 많이 올리는 AI 에이전트 기업으로 성장하는 목표를 갖고 있다.

광고산업 혁신을 주도하는 마케팅 AI

광고산업은 전통적으로 광고주를 대신해 업무를 수행하는 에이전시 비즈니스다. 오늘날 이 산업의 혁신은 에이전시가 담당해온 역할을 AI가 얼마나 효율적으로 대체할 수 있느냐에 달려 있다.

우선 서비스 시간의 관점에서 보자. 국가별 근로 규정은 다르지만, 일반적으로 사람은 주당 40시간 근무를 기준으로 하루 8시간 정도 광고 업무를 수행해왔다. 그러나 AI는 다르다. 인간과 동일한 수준의 업무 역량을 가진 광고 AI라 가정하더라도 주당 168시간, 즉 일주일 내내 광고주를 위해 일할 수 있다. 이는 인간 에이전트의 약 4배에 달하는 근무 시간이다. AI는 더 긴 시간 동안 더 많은 광고 배너를 제작하고, 매시간 실시간으로 광고 단가를 비교·조정하며, 불건전한 콘텐츠나 부적절한 영상에 광고가 노출되지 않도록 지속적으로 모니터링할 수 있다. 결국 AI의 168시간 무중단 서비스는 광고 운영의 완전 자동화를 의미한다.

두 번째로, AI가 인간이 할 수 없는 방식으로 더 높은 가치를 창출할 수 있다는 점이다. 예를 들어 디지털 휴먼 기술을 통해 'AI 선생님'이 실시간으로 1만 명의 체험 이용자에게 개인화된 교육 콘텐츠를 제공할 수 있다고 하자. 이는 인간 교사가 절대 수행할 수 없는 서비스다. 마찬가지로 새로운 게임을 출시한 광고주가 12종의 동물 캐릭터가 사람처럼 대화하며 홍보하는 캠페인을 원할 때, 이러한 자연스러운 상호작용을 구현할 수 있는 존재도 결국 AI뿐이다. 이처럼 AI는 인간이 제공할 수 없는 대규모 맞춤형 경험을 실현함으로써 광고의 확장성을 극대화한다.

뿐만 아니라 AI는 전통적인 광고 운영 영역에서도 인간보다 탁월한 성과를 낸다. 수많은 광고 배너를 자동으로 생성하고, 성과 데이터를 학습해 효율적인 방향성을 스스로 찾아낸다. 유튜브에 매일 업로드되는 방대한 영상을 모두 분석하고, 각 영상의 주제와 맥락을 파악해 적합한 광고를 매칭하는 일은 인간이 감당할 수 없는 수준의 데이터 분석이다. 영상 분석 AI는 이 모든 데이터를 빠르게 처리하여, 광고 효율을 극대화할 수 있는 타기팅 전략을 자동으로 제시한다.

데이터 기반 의사결정이 언제나 높은 성과를 낸다는 사실을 고려하면, 이러한 업무를 담당해야 하는 주체는 인간이 아니라 기계가 되어야 한다. 인간은 AI가 제시한 결과를 기반으로 전략적 판단에 집중하면 충분하다.

마지막으로 의사결정 최적화의 측면에서 살펴보자. 광고 성과의 최적화란 주어진 예산으로 광고주의 핵심 지표(매출, 가입자 수, 노출 수 등)를 극대화하는 것이다. 문제는 광고 매체가 다양해질수록 각 매체별 예산 배분을 수학적으로 최적화하는 일이 기하급수적으로 복잡해진다는 점이다. 매체가 늘어나고 상품이 세분화될수록 최적의 예산 분배를 찾는 일은 인간이 손으로 풀 수 있는 수준을 넘어선다. 더구나 경쟁 광고주의 실시간 입찰 변화까지 고려해야 한다면, AI의 계산 능력 없이는 최적 솔루션을 찾는 것이 사실상 불가능하다. 결국 광고 시장에서의 최적화 경쟁은 인간의 직관이 아니라, 데이터를 학습하고 즉시 대응하는 AI의 계산력이 주도하게 된다.

AI는 더 길게, 더 넓게, 더 정교하게 일한다. 이는 광고산업에서 단순한 효율화가 아니라 인간 중심의 에이전시 비즈니스를 완전히 새롭게 정의하는 혁신인 것이다.

투자 분야에서의 설명 가능 AI

돈 버는 AI가 가장 힘을 얻을 수 있는 비즈니스 분야 가운데 또 하나는 '투자'다. 특히 투자에 적용되는 AI일수록 앞서 이야기한 설명 가능성 explainability이 더더욱 중요해진다. AI가 투자, 대출, 신용평가 등 중대한 결정을 내릴 때 단순히 결과만 제시한다면, 사용자는 그 판단을 온전히 신뢰하기 어렵다. 반면, AI가 '왜 그런 결정을 내렸는지'에 대한 합리적인 근거와 과정을 함께 설명한다면 사용자는 결과를 이해하고 납득할 수 있으며, 이는 곧 모델의 신뢰성과 지속적인 개선 가능성을 높이는 핵심 요인이 된다.

예를 들어, 어떤 종목에 대한 부정적인 뉴스가 연이어 보도되고 있는데도 AI가 해당 주식을 매수하라고 추천했다면 사용자는 그 이유를 알고 싶어 할 게 분명하다. 이때 설명 가능한 AI, 즉 XAI는 AI가 어떤 데이터를 더 중요하게 고려했는지를 명확히 보여줄 수 있다.

여기에서 특정 재무 지표의 긍정적 개선, 경쟁사 대비 저평가 상태, 혹은 시장 내 잠재적 회복 신호 등이 근거로 활용된다. XAI는 이러한 요인들을 시각적으로 표현하거나, 데이터상의 인과관계를 설명함으로써 사용자가 AI의 판단 과정을 이해하도록 돕는다.

AI는 인간의 직관으로는 포착하기 어려운 복잡한 변수 간의 상호작용이나 숨겨진 요인을 찾아내 의사결정을 내린다. XAI는 이처럼 'AI가 어떻게 생각했는가'를 인간의 언어로 번역해주는 설명적 인터페이스이자 신뢰의 다리 역할을 한다. 과거에는 사람이 직접 규칙rule-based system을 정의하고 그에 따라 시스템이 작동했다면, 이제는 AI가 방대한 데이터를 학습해 스스로 지식과 패턴을 발견하고 예측·판단하는 시대가 되었다.

결국 우리가 해야 할 일은 AI에게 명확한 목표를 제시하고 충분한 데이터를 제공하는 것이다. 그러면 AI는 그 목표를 달성하기 위한 최적의 해법을 스스로 찾아낼 수 있다. 그리고 그 과정이 투명하게 설명될 때 비로소 금융산업에서 AI는 단순한 도구를 넘어 신뢰할 수 있는 '의사결정 파트너'로 자리 잡게 된다.

AI 투자의 현실적 제약

AI를 이용해 투자 수익을 창출하는 것은 매우 매력적인 아이디어다. 동시에 그만큼 이상적이고 현실과 괴리된 이야기처럼 들릴 수도 있다. 실제로 AI 기반 투자 모델을 설계하고 이를 시장에 적용하는 과정에는 수많은 현실적 제약과 도전 과제가 존재한다는 사실을 명확히 인식해야 한다.

가장 먼저 고려해야 할 것은 규제 준수regulatory compliance 문제다. 아무리 연구 개발 단계에서 뛰어난 성과를 낸 모델이라도 펀드나 자문 서비스 등 실제 금융 상품으로 출시해 고객 자산을 운용하려면 금융 당국이 정한 엄격한 규제를 따라야 한다. 투자 과정에서 손실이 발생했을 때의 책임 소재, 투자자에게 위험을 명확히 알리고 보호할 법적·윤리적 의무 등도 반드시 해결해야 할 사항이다. 따라서 실제 상용화 단계에서는 금융 라이선스를 보유한 운용사나 증권사 등 전문 기관과의 협력이 필수다. 또, 상품 설계 단계부터 위험 관리와 투자자 보호 장치를 정교하게 마련해야 한다.

두 번째 제약은 시장 효율성과 초과 수익 소멸alpha decay이다. 특정 AI 투자 전략이 초기에는 시장의 비효율성을 활용해 높은 초과 수익을 올릴 수 있다 하더라도, 그 전략이 널리 알려지고 복제되면 경쟁이 심화되어 수익 기회는 빠르게 사라진다. 즉, 시장이 학습하는 순간 초과 수익은 사라진다. 따라서 AI 투자 기업은 한 번의 성공에 머물지 않고 지속적인 모델 개선과 데이터 소스 확장, 그리고 시장 변화에 대한 빠른 적응을 통해 끊임없이 혁신해야만 경쟁 우위를 유지할 수 있다.

세 번째는 데이터 확보와 비용의 문제다. 금융 시장을 깊이 있게 분석하려면 단순한 주가나 거래량 데이터를 넘어 실시간 뉴스, 기업 공시, 경제 지표, 시장 심리 데이터 등 고비용의 전문 데이터가 필요하다. 또한 이러한 데이터를 학습하고 실시간으로 처리하기 위해서는 GPU 서버 등 고성능 컴퓨팅 인프라가 필수적이다. 이는 막대한 유지 비용으로 이어진다. 데이터와 연산 자원은 AI 투자

시스템의 핵심이지만, 동시에 가장 높은 진입장벽이 되기도 한다.

네 번째는 운용 자산 규모 **AUM: Assets Under Management**가 커질수록 발생하는 구조적 제약이다. 일반적으로 운용하는 자산의 규모가 커질수록, 시장에 큰 충격을 주지 않으면서 원하는 가격에 대량의 자산을 매수하거나 매도하는 것이 점점 더 어려워진다. 예를 들어, 소규모 자금으로는 쉽게 사고팔 수 있는 중소형주도 수천억 원 규모의 대형 펀드가 거래하려고 하면 가격이 급등락하여 불리한 가격에 거래하게 될 수 있다. 따라서 동일한 투자 전략이라도 대규모 펀드에서는 소규모 펀드에서 얻었던 것과 같은 높은 초과 수익을 달성하기 어려울 수 있다.

그럼에도 AI는 금융 투자에서 여전히 거대한 잠재력을 지니고 있다. 특히 정보가 비대칭적이거나 아직 덜 효율적인 신흥 시장, 비상장 시장 등에서는 AI가 인간의 한계를 넘어 새로운 투자 기회를 포착할 가능성이 높다. 또, 과거에는 다루기 어려웠던 비정형 데이터, 예컨대 뉴스 기사, 애널리스트 리포트, 소셜 미디어 게시글, 위성 사진 등을 분석하고 시장의 심리 변화나 숨겨진 위험 요인을 읽어내 인간의 직관만으로는 파악하기 어려운 깊이 있는 통찰력을 제공할 수 있다.

예를 들어, 특정 기업의 신제품 발표나 정부의 정책 변화, 심지어는 유명 인사의 특정 발언 등이 주식 시장에 미치는 복잡하고 미묘한 파급 효과를 AI는 과거 데이터를 기반으로 학습하고 예측하여 투자 결정에 활용할 수 있다. 아주 짧은 시간 단위로 거래하는 초단타 매매**HFT: High-Frequency Trading**를 전문으로 하는 기관 투자자들은 이러한 정보의 흐름을 거의 실시간으로 포착하고 분석하여 미세한 가격 변동 속에서 수익을 추구하는데, AI 기술은 이러한 정보 처리 및 분석 능력을 더욱 강화하는 핵심적인 도구가 될 수 있다.

향후에는 이러한 AI 기술을 금융 시장뿐만 아니라 스포츠 경기 결과 예측이나 승부 예측과 같은 새로운 영역에 적용하는 연구도 진행될 수 있다. 주식 시장과 비교할 때, 스포츠 경기는 경기 결과(승·패·무)나 선수별 득점 등 예측해야 할 대상이 비교적 명확하며, 과거 경기 데이터, 선수 정보, 팀 전력 등 관련 데이터도 비교적 풍부하게 존재한다는 장점이 있다. 물론, 이 분야 역시 합법적인 스포츠 베팅 시장의 규제 환경이나 윤리적인 문제 등을 신중하게 고려해야 할 것이다.

결론적으로 AI는 금융 투자를 비롯한 다양한 산업에서 데이터 기반 의사결정을 근본적으로 혁신할 잠재력을 가진 강력한 도구다. 그러나 동시에 기술적 한계와 규제, 비용, 시장 구조 등의 현실적 제약도 분명 존재한다. 따라서 AI의 가능성을 과도하게 이상화하기보다 비판적 시각과 지속적 검증을 바탕으로 실질적 가치를 만들어내는 노력이 필요하다. 진정한 혁신은 환상이 아니라 이러한 현실적 제약을 직시하고 극복하려는 꾸준한 실험 속에서 완성될 것이다.

AI를 활용한 자산 관리

투자에 이어 AI가 기여할 수 있는 분야가 '자산 관리'다. 이를 위해 저자가 참여하고 있는 임팩트에이아이ImpactAI의 자산 배분 최적화 모델을 살펴보자. 이 모델은 투자자의 목표에 맞는 최적의 포트폴리오를 찾아내기 위해 고객 정보와 외부 시장 데이터라는 두 가지 주요 입력 데이터를 활용한다.

첫 번째 데이터는 고객으로부터 직접 제공받은 정보다. 여기에는 은퇴 자금 마련이나 주택 구매 자금 증식 같은 구체적인 투자 목표, 예상 투자 기간, 그리고 고객 자신의 위험 감수 성향이 포함된다.

두 번째 데이터는 임팩트에이아이가 자체적으로 수집·분석하는 방대한 외부 데이터다. 이 데이터는 매우 다양한 형태를 포함하는데, 기본적으로 투자 대상이 되는 자산(개별 주식, ETF 등)의 과거 가격 데이터가 해당한다. 이는 보통 시가Open, 고가High, 저가Low, 종가Close, 그리고 거래량Volume으로 구성되며, 이를 줄여서 'OHLCV 데이터'라고 부른다. 여기에 시장 전반을 반영하는 벤치마크 지수(S&P500, 코스피 등), 금이나 비트코인 같은 대체 자산군의 가격 데이터도 참고 정보가 된다.

하지만 AI 모델이 다루는 데이터는 단순히 숫자에 그치지 않는다. 뉴스 기사, 기업의 공시 자료, 증권사 애널리스트의 리포트 등 비정형 텍스트 데이터 역시 중요한 입력으로 활용된다. 거시경제 지표(금리, 물가 상승률, GDP 성장률 등)와 같은 정량 데이터뿐만 아니라, 트위터나 주식 커뮤니티에 나타나는 투자자들의 감정 Sentiment과 여론 흐름도 함께 고려된다.

이렇게 수집된 멀티모달 데이터는 복잡한 딥러닝 모델을 통해 학습된다. 모델의 목표는 명확하다. 고객이 설정한 투자 목표, 예를 들어 위험 대비 수익률(샤프 지수)을 최대화하는 것을 달성하기 위한 최적의 자산 조합과 비중, 즉 '포트폴리오의 해답'을 찾아내는 것이다.

AI가 최적의 포트폴리오를 산출하면 결과는 다양한 형태로 사용자에게 전달된다. 핵심은 각 자산의 이름과 투자 비중을 제시한 포트폴리오 구성표이며, 이와 함께 예상 수익률, 위험 수준, 과거 데이터를 활용한 성과 시뮬레이션 결과 등 평가 지표 evaluation metrics도 함께 제공된다. 나아가 설명 가능 AI 기술을 통해 AI가 왜 특정 자산을 선택하고 어떤 요인을 근거로 비중을 조정했는지를 시각적으로 제시함으로써 사용자가 모델의 판단 과정을 이해하고 신뢰할 수 있도록 돕는다.

이러한 분석 결과는 효율성 그래프 efficient frontier나 위험-수익 곡선 형태로 시각화되어 사용자가 직관적으로 포트폴리오의 특성을 파악할 수 있도록 해준다. 이러한 AI 기반 접근 방식은 기존의 전통적 계량적 금융 모델링과는 근본적인 차이가 있다. 전통적 모델은 금융 이론이나 통계적 가정에 따라 미리 정해진 공식을 사용해 파라미터를 추정한다. 이와 달리 딥러닝 기반 AI 모델은 특정한 수학적 공식을 전제로 하지 않는다. 대신 방대한 데이터를 학습하며, 그 속에서 인간이 미처 발견하지 못한 비선형적 패턴과 변수 간 상호작용을 스스로 찾아낸다. 즉, 데이터로부터 스스로 학습해 '새로운 금융 지식'을 창출하는 것이다. 이를 통해 기존 모델로는 포착할 수 없었던 투자 기회나 잠재적 위험 요인을 찾아낼 가능성이 열린다.

특히, 증권사 애널리스트 리포트나 경제 뉴스 기사와 같이 정형화되지 않은 텍스트 데이터는 시장 참여자들의 심리, 전문가들의 의견, 규제 변화의 영향 등 단순한 가격 데이터 OHLCV 만으로는 파악하기 어려운 매우 중요한 질적인 정보를 담고 있다. AI 모델은 자연어 처리 NLP: Natural Language Processing 기술을 활용하여 다양한 언어로 작성된 이러한 방대한 텍스트 문서를 자동으로 분석하고, 그 안에 담긴 핵심 정보나 감성(긍정 또는 부정)을 추출한다. 그리고 이렇게 추출된 텍스트 기반 정보와 주가와 같은 정량적인 데이터를 함께 결합하여 학습하는 멀티모달 러닝을 통해 특정 뉴스나 리포트에 담긴 뉘앙스가 미래 주가 변동에 미치는 영향을 더욱 정확히 예측하게 해준다. 또, 사람의 직관으로는 감지하기 어려운 숨겨진 패턴과 시장 신호를 포착할 수도 있다.

오늘날 금융 시장에서 단순한 데이터 접근성만으로는 경쟁력을 확보하기 어렵다. 과거에는 주가 데이터만으로도 의미 있는 분석이 가능했지만, 이제 그런 데이터는 누구나 접근 가능한 공공재에 가깝다. 진정한 경쟁 우위는 이러한 기본적인 데이터 외에 쉽게 접근하기 어려운 독점적이거나 분석하기 까다로운 데이터를 얼마나 더 다양하고 깊이 있게 확보하고, 더 정교하고 창의적인 방법으로 분석해 남들이 보지 못하는 유의미한 통찰력을 도출해내느냐에 달려 있다.

AI 자산 배분의 목표와 실제 운용

AI 기반 자산 배분 모델의 목표는 반드시 절대적인 고수익률 달성만을 추구하는 것은 아니다. 오히려 많은 경우, 주어진 시장 상황에서 미리 설정된 벤치마크Benchmark(S&P 500 ETF와 같이 비교 기준이 되는 지수) 대비 얼마나 더 나은 성과, 즉 초과 수익을 안정적으로 달성하는지에 초점을 맞춘다. 시장 전체가 상승하는 강세장에서는 시장 상승률 이상으로 수익을 내고, 시장 전체가 하락하는 약세장에서는 손실 폭이 시장 하락률보다 줄어들도록 방어한다. 즉, 상대적인 우수성relative performance을 추구하는 전략을 목표로 하는 경우가 많다.

AI 모델은 학습된 데이터 패턴과 변수 간의 상관관계를 분석해 미래의 자산 가격 움직임을 예측하고, 현재 시장 가격과 비교해 상대적으로 저평가된 자산을 찾아낸다. 이는 부동산 투자에서 시세보다 저렴한 급매물이나 향후 가치 상승이 기대되는 매물을 발굴하는 과정과 유사하다. 물론 개별 자산의 단기 등락을 100% 정확히 예측하는 것은 불가능하다. 그러나 다수의 자산으로 분산된 포트폴리오 관점에서 접근한다면 이야기는 달라진다. AI의 예측 정보를 활용해 기대 수익률이 높고 위험이 낮은 자산의 비중을 높이고, 그 반대의 자산 비중을 줄이는 방식으로 포트폴리오 전체의 위험 대비 성과를 최적화할 수 있다.

임팩트에이아이의 AI 모델은 이러한 과정을 통해 분석 대상이 되는 전체 ETF 중에서 투자 매력도가 가장 높다고 판단되는 상위 10개의 ETF를 선정하고, 각 ETF에 대한 최적의 예산 배분 비율(투자 비중)을 계산하여 제시한다. 이러한 AI 모델의 실제 성과를 검증하기 위해, 금융결제원과 코스콤KOSCOM이 운영하는 금융 테스트베드 환경에서 약 3개월 동안 실제 자산을 운용하는 테스트를 진행했다. 이 테스트에서는 임팩트에이아이의 AI 모델이 추천하는 상위 10개 ETF 포트폴리오 전략을 그대로 따라 투자했으며, 그 성과를 같은 기간 동안 다른 알고리즘(벤치마크)의 평균 성과와 비교했다.

테스트 결과는 인상적이었다. 임팩트에이아이의 모델은 누적 수익률, 샤프 지수(위험 조정 수익률), 젠센 알파Jensen Alpha(시장 대비 초과 성과) 등 주요 지표 전반에서 벤치마크를 일관되게 상회했다. 이는 AI 모델이 단순히 이론적 가능성에 머무르지 않고, 실제 시장 환경에서도 유의미한 경제적 가치를 창출할 수 있음을 입증한 결과다.

시장 효율성에 따른 AI 활용의 기회

AI 기반 자산 배분 모델을 적용할 때는 어떤 시장에서 AI가 가장 효과적으로 작동할 수 있는가를 먼저 고려해야 한다. 금융 시장은 정보가 얼마나 빠르고 정확하게 가격에 반영되는가에 따라 효율성 수준이 달라진다. 예를 들어, 미국 주식시장은 전 세계에서 가장 많은 전문가와 기관이 참여하는 고도로 경쟁적인 시장으로, 새로운 정보가 발생하면 즉시 주가에 반영된다. 이처럼 초과 수익을 얻기 어려운 시장은 일반적으로 '고효율 시장'으로 분류된다.

반면, 중국이나 한국, 베트남 등 일부 신흥국 시장은 상대적으로 정보 비대칭성이 크고, 분석 인프라나 접근성이 제한적이어서 정보가 가격에 완전히 반영되는 데 시간이 걸릴 수 있다. 이러한 '비효율 시장'에서는 AI가 인간 분석가들이 놓치기 쉬운 미세한 패턴이나 관계를 포착함으로써, 새로운 투자 기회를 발견할 가능성이 더 높다.

임팩트에이아이의 내부 성능 분석은 이를 뒷받침한다. 단순히 주가 데이터만으로 학습시킨 모델보다 애널리스트 리포트 등 비정형 텍스트 데이터를 함께 활용한 멀티모달 러닝을 적용했을 때 예측 정확도와 포트폴리오 성과가 통계적으로 유의하게 향상되었다. 이는 마치 요리에 적절한 양념을 더했을 때 전체 풍미가 살아나는 것과 같다. 구체적으로, 중국 시장 데이터를 대상으로 애널리스트 리포트를 추가 학습했을 경우, 모델의 연평균 수익률은 약 10%에서 15%로 5%포인트 상승했다. 투자 관점에서 이는 매우 의미 있는 성과이며, 다양한 데이터 소스를 통합적으로 분석하는 AI의 실질적 가치를 보여준다.

이 결과를 바탕으로 실제 트레이딩 테스트도 진행되었다. 테스트 시장은 중국 상해 종합지수(CSI 300)를 구성하는 대형주 중심으로, AI 모델은 각 종목의 과거 주가 데이터와 애널리스트 리포트 데이터를 함께 학습하여 향후 한 달간의 기대 수익률과 위험을 예측했다. 그 후 투자 매력도가 높은 상위 5개, 10개, 15개 종목을 선정해, 각 종목의 최적 투자 비중을 산출했다. 거래는 매월 첫 거래일에 이루어졌으며, 거래 빈도를 월 1회로 제한한 이유는 수수료와 거래비용 부담 때문이다.

특히 해외 주식 거래 시 발생하는 수수료(예: 편도 0.3%, 왕복 0.6% 수준)는 수익률에 상당한 영향을 미친다. 거래가 잦을수록 초과 수익이 수수료에 잠식되므로, '저빈도 리밸런싱' 전략으로 손바뀜 비율turnover을 관리한 것이다. 실제 트레이딩은 오직 AI 모델의 분석 결과만을 근거로 진행되었으며, 인간의 감정이나 직관적 판단은 개입되지 않았다. 이는 마치 알파고가 다음 수를 계산하고 인간 조수가 그 수를 그대로 놓는 방식과 비슷하다.

이러한 방식으로 약 8개월간 실거래 테스트를 수행한 결과, Top 5 포트폴리오의 누적 수익률은 약 21%에 달했다. 같은 기간 동안 CSI 300 지수가 13% 상승한 것과 비교하면, 약 8%포인트의 초과 성과를 거둔 셈이다. 이는 AI 모델이 실제 시장 환경에서도 의미 있는 알파를 창출할 수 있음을 보여준다.

현재는 이 경험을 토대로 한국 주식 시장을 대상으로 한 테스트가 진행 중이다. 흥미로운 점은, 한국 증권사 애널리스트 리포트가 주로 월요일 오전에 발표되는 패턴을 반영하여 매매 시점을 월요일에서 화요일로 이동시키는 실험을 진행했다는 것이다. 그 결과, 리포트 발표 직후보다 하루 뒤인 화요일에 매매했을 때 포트폴리오 성과가 더 높게 나타났다. 이는 AI가 리포트 발표 시점과 시상 반응 산의 시간적 시연을 학습하고, 이를 투자 의사결정에 반영하고 있음을 시시한다.

한국 시장 테스트의 단기 목표는 월평균 1% 수준의 안정적인 초과 수익을 지속적으로 달성하는 것이다. 이러한 금융 AI 연구는 필자가 과거 광고 최적화 분야에서 수년간 쌓아온 경험, 즉 복잡한 데이터 속에서 패턴을 찾아내고, 이를 실질적 비즈니스 가치로 전환하는 과정과 맥을 같이한다. AI는 마치 현미경처럼 데이터 속에 숨겨진 미세한 신호를 포착하고, 인간이 볼 수 없었던 기회를 드러내는 도구다.

또한, 과거 데이터를 기반으로 한 백테스트 결과가 높은 수익률을 보이더라도, 이는 과적합 가능성을 내포한다. 따라서 실제 시장에서 자금을 투입한 검증이 필수적이다. 임팩트에이아이 모델은 백테스트뿐 아니라 코스콤 테스트베드 등 실제 환경에서 유의미한 초과 수익을 입증했다는 점에서 큰 의미가 있다.

결국 이러한 초과 수익이 존재할 수 있는 이유는 시장이 여전히 완전히 효율적이지 않기 때문이다. 인간의 인지 편향과 한정된 정보 처리 능력으로는 포착하기 어려운 복잡한 패턴과 일시적 비효율성이 곳곳에 존재한다. AI는 방대한 데이터를 편견 없이 탐색하며, 인간이 놓치는 미세한 신호를 포착해 일종의 차익거래와 유사한 기회를 찾아낸다. 실제로 중국 시장 백테스트에서 연 50% 이상의 초과 수익을 기록한 사례는, AI가 시장 비효율성을 활용할 잠재력을 강하게 시사한다.

지금까지 이 장에서는 산업 전반에서 AI가 어떤 혁신을 가져올 수 있을지 저자가 주도한 실사례를 활용해 살펴보았다. 다음 장에서는 앞으로 금융산업에서 AI가 실제로 어떤 영향력을 가질지에 대해서 정치·경제·사회 트렌드 변화를 함께 고려해 더 자세하게 다룬다. 특히, AI 기술과 산업을 선도하고 있는 미국을 비롯해 전 세계 상황을 집중 조명하면서 향후 한국 시장과 사회에 미칠 영향을 가늠해본다.

3장

금융의 게임체인저, AI 모델

"AI는 당신의 부를
어떻게 바꿀 것인가?"

이미 AI는 금융산업에 깊이 침투해 있다. 인간을 대신해 24시간 은행 업무를 처리하고, 개인의 금융 거래 내역을 분석해주는 비서 역할을 한다. 대출 신청자가 상환 능력이 있는지 심사하는 것도 AI 알고리즘이다. 또, 전 세계 은행과 가상화폐 거래를 모니터링해 금융 사기와 범죄를 잡아낸다. AI는 금융 서비스를 더 빠르고 효율적으로 진화시키고 있으며, 정보의 접근성을 넓히는 금융 민주화에도 기여하고 있다. 이러한 상황에서 AI 기술은 자산 관리와 투자, 부의 형성에 어떤 영향을 미칠까?

예견된 변화

트럼프 대통령의 '투견' 역할을 톡톡히 하고 있는 J.D. 밴스 부통령이 2025년 2월 트럼프 2기 정부 출범 후 첫 대외 일정으로 프랑스 파리 AI 정상회의 연설에 나섰다. 밴스 부통령은 지금을 'AI 기회의 시대'로 규정하며 AI 분야 선두를 달리는 미국의 위치가 앞으로도 흔들리지 않을 것이라 선포했다. 유럽연합이 그동안 추진해온 AI 규제에 대해서도 완전히 동조하지는 않는다는 의사를 내비쳤다. AI 산업이 발전하면서 필연적으로 발생할 개인 정보 유출이나 보안 등 문제가 있을 것은 알지만, 'AI로부터의 안전 AI Safety'보다 'AI로부터 얻는 기회 AI Opportunity'가 더 중요하다는 점을 강조했다. 트럼프 정부의 친AI·친 기술 정책을 명확히 한 것이다.

밴스 부통령은 연설 끄트머리에서 AI 기술을 제2차 세계대전 당시 프랑스와 미국의 동맹을 이끌어낸 프랑스의 영웅 라파예트 장군의 검에 비유했다. AI 기술이 날카롭고 무거운 검처럼 옳은 방식으로 사용된다면 인류의 행복과 기술의 발전에 이바지할 훌륭한 무기가 될 것이나, 반대로 제대로 된 안전장치 없이 나쁜 의도로 이용된다면 그 역시 큰 위험이 될 것임을 강조했다.

'양날의 검' AI가 가진 혁신과 위험의 가능성은 어쩌면 금융시장에서 가장 명확히 드러나지 않을까 한다. 금융산업의 큰 경제적 가치와 가능성, 풍부한 데이터 소스와 접근성 덕분에 이미 다양한 AI 기반 상품과 서비스가 시장 속에 깊이 침투해 있다. 이와 함께 여러 리스크도 커지고 있다.

지난 2024년 8월 5일 일본과 미국 주식시장이 마감 직전 급락한 일이 있었다. 급락의 원인이 몇몇 헤지펀드가 사용 중인 AI 알고리즘에 의한 대량 매도라고 주장하는 이들도 있었다. 알고리즘 트레이딩으로 인한 시장 급락은 새로운 일은 아니나, AI의 데이터 분석량과 매매 속도는 언제든 투자자들과 기업, 정부가 경험하지 못한 수준의 폭락을 일으킬 수도 있다.

물론 이러한 리스크에도 불구하고 트럼프 2기 정부와 실리콘밸리의 빅테크 기업들은 AI가 선사는 기회를 놓치지 않을 것이다. AI는 금융산업과 자본시장에 크고 빠른 변화를 일으킬 것이고, 그 과정에서 많은 시행착오도 있을 것이다. 이전 가상화폐와 블록체인, 로보어드바이저와 초고속 트레이딩 HFT: High Frequency Trading 등도 비슷한 길을 걸었다. 하지만 AI가 일으킬 변화는 이들보다 훨씬 클 것이라는 게 대다수 금융 전문가들의 예상이다.

AI가 바꾸고 있는 금융산업의 얼굴

챗GPT를 비롯한 생성형 AI는 거의 모든 산업에서 생산성 향상과 혁신을 가져왔다. 개인은 여러 생성형 AI 모델을 업무에 직접 활용할 수 있고, 기업은 특정 이용자의 선호도를 분석해 맞춤형 콘텐츠와 서비스를 제공할 수 있게 되었다.

전문가들은 특히 금융산업에서 AI 혁신이 두드러질 것으로 예상한다. 글로벌 컨설팅 업체 엑센추어 Accenture는 20가지 유형의 산업 가운데 은행업과 보험업, 그리고 투자업이 생성형 AI 확산에 따른 인력 자동화와 업무 성과 상승이 가장 클 것으로 예상했다. 금융산업은 디지털화가 빠르게 진행되고 있는 데다 데이터도 정령화·표준화돼 AI 기술을 적용하는 데 최적의 여건이리고 분석했다. 실제로 미국의 상업은행, 투자은행, 헤지펀드, 보험회사들은 생성형 AI를 활용한 혁신 서비스를 빠른 속도로 확대하고 있다.

우선 은행업에 AI가 몰고 온 가장 큰 변화 중 하나는 '가상 금융비서virtual AI assistant'다. 이는 일종의 챗봇으로, 모바일 앱에서 고객과 대화하며 각종 은행 업무를 돕는다. 한국에서는 대부분의 민간은행이 AI 챗봇 서비스를 운영하고 있다. 우리은행은 2024년 최초로 AI 은행원 서비스를 시작했고, KB국민은행은 '리브 넥스트'라는 금융 비서 서비스를 진행 중이다.

 AI 기술을 선도하고 있는 미국은 어떨까? 미국 은행 가운데 AI 가상 금융비서 서비스에서 가장 앞서 있는 것은 뱅크오브아메리카BOA다. BOA는 자체 개발한 가상 금융비서 챗봇 에리카Erica를 통해 개인 맞춤형 상담 서비스를 제공하고 있는데, 하루 상담 건수가 150만 회에 달하며 2023년에는 총 상담 건수가 10억 건을 돌파했다고 한다.

 에리카는 잔액 조회, 신용 점수 확인 등 단순 은행 업무뿐 아니라 챗봇을 통해 환불 관련 업데이트, 월간 지출 습관 분석, 지출 증가 분석 등 실제 금융 비서의 역할을 수행한다. 고객이 "이번 달 식료품 쇼핑에 지출한 내역을 정리해줘"라고 말하면 에리카는 신용카드, 현금, 수표를 이용한 거래를 취합해 소매점 별로 결제 내역을 정리해준다.

 아직 진짜 은행원처럼 복잡한 업무를 처리하거나 사람처럼 자연스럽게 대화하는 단계는 아니지만, 일반 업무 시간에도 30분에서 1시간을 기다리는 것이 보통인 미국 은행에서 에리카 서비스를 경험한 사람들은 큰 만족감을 표한다.

뱅크오브아메리카처럼 독자 개발을 하는 대신 이미 개발된 스타트업의 기술을 이용하는 은행들도 있다. JP모건, 스탠다드차터드 등은 AI 스타트업 카시스토Kasisto가 개발한 챗봇 Kai-GPT를 고객 서비스에 활용하고 있다. 이들도 에리카처럼 단순 은행 업무에서 지출 분석, 신규 예금·대출 상품 권유 등으로 영역을 확대하고 있다. 이 밖에도 금융 영업 위험도 측정, 의심거래 탐지에도 AI 기술을 적극 활용하고 있다.

리스크 관리 기술로 잘 알려진 기업은 업스타트Upstart다. 2012년 실리콘밸리에서 설립해 AI 기술을 통해 대출자의 신용 점수를 평가하고 전통적인 방식보다 효율적이고 정확한 대출 승인 프로세스를 제공한다. 미국에서 신용점수에 해당하는 '크레딧 스코어credit score'는 경제 활동에 매우 큰 영향을 미친다. 이 점수에 따라 주택, 자동차 대출 규모와 금리, 경우에 따라 보험료 책정까지 영향을 받는다. 신용점수는 은행이 개인의 신용카드와 계좌 발급을 허가하는 기준이 되는데, 신용점수 체계가 정확할수록 은행의 리스크 관리가 쉬워진다.

그런데 전통적인 시스템은 과거 결제·상환 데이터에만 크게 의존해 개인의 실제 신용도를 제대로 평가하지 못한다는 비판을 받았다. 예를 들어, 미국에 처음 이민 온 고액 자산가가 과거 결제 내역이 부족해 낮은 신용점수를 받거나 대출 신청을 못 하는 경우가 생기곤 했다.

업스타트는 이 점을 공략했다. 1,600개 이상의 변수를 포함해 전통적인 평가 시스템이 다루지 못한 방대한 데이터를 대출자의 신용점수 평가에 활용했다. 과거 결제 내역뿐 아니라 교육 수준, 경력, 전공 등 개인의 신용도와 관련된 다양한 데이터를 입력하고, AI를 통해 더 정교한 방식으로 대출 상환 능력과 가능성을 평가한 것이다. 그럼으로써 전반적인 대출 승인율을 높이고 금리는 낮출 수 있었다.

이처럼 AI를 통해 금융산업이 성장하고 발전하는 모습이 인상적이지만, 동시에 그만큼 사기와 속임수 역시 정교하게 진화하고 있다. 또, 사기를 탐지하고 예방하는 기술도 향상되는 만큼, 추적이 어려운 가상 자산과 비제도권 거래도 늘어나 범죄 적발이 어려워지고 처리 비용도 늘어나고 있다.

2025년 2월 발생한 북한의 가상 화폐 탈취사건은 금융 범죄의 진화를 단적으로 보여준다. 미국 FBI의 수사 결과에 따르면 북한 해커들은 암호화폐 거래소 바이비트Bybit에서 약 15억 달러의 가상 자산을 탈취했다. 이들은 자금 세탁 과정에서 계좌 수천 개와 비제도권 거래를 활용했는데, 제한된 데이터와 시스템에 의존하는 전통적인 수사 방식으로 탐지하고 예방하는 데는 분명 한계가 있다.

이런 문제를 해결하는 데에도 AI가 한몫한다. 금융 소프트웨어 기업 피드자이Feedzai는 AI를 활용해 금융 거래 시 범죄 위험도를 줄이는 솔루션을 제공한다. 방대한 데이터를 짧은 시간에 분석해 의심스러운 거래를 식별하고 사전 차단한다. 은행, 증권사 등 제도권 금융사의 거래뿐 아니라 비제도권의 가상 자산 유통, 자금 세탁, 송금 등을 모니터링할 수 있다. 이미 씨티은행, 캐피탈원, 마스터카드 등이 피드자이의 기술을 의심거래 모니터링 플랫폼에 도입해 리스크 관리와 의심 거래 식별에 활용하고 있다.

데이터가
투자 전략을 바꾼다

2005년 무렵 금융가에서 일하는 트레이더나 펀드매니저들의 전공은 대부분 경제학이나 경영학이었다. 이후 10년 정도 흐르기까지 그런 경향은 크게 변하지 않았다. 가령 채권운용사 직원들은 대부분 경제학이나 경영학을 전공하고 컨설팅이나 은행업 분야에서 경력을 쌓은 후 MBA나 국제재무분석CFA 자격증을 취득하는 전통적인 커리어 패스를 밟았다.

 분위기가 바뀌기 시작한 것은 2017~2018년 무렵이었다. 미국의 대형 헤지펀드들이 이공계 인재를 적극적으로 영입하기 시작한 것이다. 빅데이터와 알고리즘을 활용한 퀀트Quant 투자가 각광받으면서 수학·물리학 박사들이 펀드매니저로 채용되었다. 르네상스 테크놀로지, 투 시그마, DE쇼 같은 헤지펀드에는 데이터 과학자와 엔지니어들이 대거 포진했고, 이들이 개발한 데이터 기반 트레이딩 전략은 전통적인 헤지펀드를 능가하는 성과를 내기 시작했다.

새로운 퀀트 펀드들은 이전에는 고려되지 않았던 다양한 데이터를 분석해 자산 가치를 평가하고 매매 전략을 수립했다. 경제 지표나 기업 실적뿐만 아니라 위성 사진, 소셜 미디어 데이터, 거래 기록, 뉴스, 웹사이트 트래픽까지 분석 대상이 되었다.

대표적인 사례가 자산운용사 포인트72이다. 뉴욕 메츠 구단주로 더 잘 알려진 스티븐 코헨이 설립한 이 기업은 인공위성 사진을 데이터화하는 전략을 도입했다. 월마트, 타깃Target 등 쇼핑몰의 주차장을 인공위성으로 촬영한 후, 주차된 차량 수와 기업 실적 사이의 상관관계를 분석해 향후 매출을 예측한 것이다. 이후 브리지워터, 투시그마 등 경쟁 운용사들도 빅데이터와 머신러닝을 활용한 투자 전략을 도입하며 경쟁에 뛰어들었다. 이에 맞추어 이들 투자사에 필요한 데이터를 공급하는 수백 개의 전문업체가 등장했다.

이러한 트렌드를 반영해 JP모건이 2017년 발표한 보고서 〈글로벌 퀀트 & 파생상품 전략〉은 빅데이터와 머신러닝이 금융 시장을 완전히 바꿔놓을 거라고 전망했다. 재미있는 점은 이런 변화가 실질적으로 투자 수익률에 어떻게 기여하는지에 대해 구체적인 설명은 하지 못했다는 것이다. 헤지펀드는 공모펀드와 달리 투자 실적과 분석 방법을 대중에게 공개할 의무가 없으며, 알고리즘의 복잡성 때문에 개별 데이터가 투자 성과에 미친 영향을 분석하는 것이 기술적으로도 어려웠기 때문이었다.

그 후 몇 년간 빅데이터와 머신러닝은 금융투자산업에 깊이 침투했다. 빅데이터와 머신러닝을 이용한 자산 가격 결정과 포트폴리오 최적화, 시장 수익률과 변동성을 예측하는 알고리즘 개발 등이 일반화되었다. 머신러닝의 패턴과 인과성을 파악하고, 나아가서 머신러닝의 투자 결정을 해석하는 방법도 제시되었다. 이 분석 과정에서 당연히 데이터 과학자들과 엔지니어들이 큰 역할을 했다.

블록체인과 암호화폐, 그리고 AI

빅데이터, 딥러닝에 이어 금융 시장이 주목한 기술은 블록체인이었다. 항상 새로운 기술은 수익화가 쉽고 데이터 접근성이 좋은 금융산업에서 가장 먼저 성장하는데, 블록체인도 예외는 아니었다. 비즈니스 네트워크 안에서 거래를 기록하고, 니시딜 자산의 이동을 추적할 수 있는 블록체인이 가장 먼저 활성화된 것은 암호화폐cryptocurrency 분야였다. 비트코인, 이더리움을 필두로 불었던 암호화폐 투자 열풍은 2020년대 들어 잇따른 금융 사기, 파산 스캔들로 점차 기세가 꺾이기도 했다. 당시 미국 바이든 행정부의 강력한 규제로 한몫을 했다.

2023년, 세계를 떠들썩하게 했던 것 가운데 하나가 암호화폐 거래소 FTX의 파산 사건이다. 실리콘밸리와 스탠퍼드대학교 출신의 샘 뱅크먼-프리드가 설립한 이 거래소는 불과 몇 년 만에 수십조 원의 암호화폐를 끌어들이며 '암호화폐의 왕'이라고 불렸다. 그러나 얼마 지나지 않아 거래소 파산이 임박하자 샘 뱅크먼-프리드는 고객의 자금 수십억 달러를 해외로 빼돌려 결국 징역 24년을 선고받았다.

또, 테라폼랩스와 권도형의 사례는 한국에도 잘 알려져 있다. 테라폼랩스는 직접 개발한 암호화폐인 테라Terra와 루나Luna의 가격을 담보하던 달러 페그 시스템의 실패를 숨긴 채 사업을 지속했으며, 결국 2022년 5월 테라와 루나 코인의 가치는 휴짓조각이 되었다. 미국 증권거래위원회SEC는 권도형이 투자자들을 속여 40억 달러 이상의 부당 이득을 챙겼다며 민·형사 소송을 제기했다. 권도형은 도피 중 몬테네그로에서 여권 위조 혐의로 체포, 2024년 12월 미국으로 송환되어 미국 법원의 판결을 기다리는 중이다.

샘 뱅크먼-프리드와 권도형은 한때 실리콘밸리에서 가장 주목받는 스타 창업가들이었지만, 암호화폐 거래의 위험성과 사기성이 드러나면서 결국 몰락했다. 이후 미국 당국이 암호화폐 범죄에 강경한 태도를 보이기 시작함에 따라 블록체인이 불붙인 암호화폐 투자 열풍은 비교적 사그라들었다.

암호화폐 열풍이 조금 사그라들었어도, 블록체인 기술의 시대가 끝났다고 할 수는 없다. 블록체인의 대규모 저장 능력, 암호화를 통한 보안성, 그리고 변경이 불가능한 특성은 여전히 금융 투자 분야에서 유용하게 활용될 수 있다. 특히, 탈중앙화 금융 DeFi: Decentralized Finance, 즉 디파이와 AI의 결합은 금융 투자 혁신을 이끌 강력한 잠재력을 갖추고 있다.

디파이는 쉽게 말해 정부나 기업 등 중앙 기관의 개입 없이 운영되는 금융 생태계다. 이를 활용하면 은행 계좌나 신용카드 없이도 송금, 결제, 보험, 대출, 투자 등이 가능하다. 모든 거래가 블록체인에 기록되기 때문에 높은 투명성을 갖추고 있으며 이러한 특성 덕분에 기존 금융 시스템에서 비용이나 효율성 문제로 어려웠던 송금 및 투자 분야에서 점점 더 많이 활용되고 있다.

트럼프 2기 정부의 가상자산 친화 정책도 디파이 시장 성장에 불을 지피고 있다. 2025년 출범한 트럼프 정부는 비트코인을 비롯한 주요 가상자산을 전략적 준비금으로 비축해 미국을 '크립토 강국'으로 만들겠다는 목표를 세웠고, 트럼프 일가가 직접 디파이 프로젝트에 참여하기도 했다. 이에 화답해 비트코인과 이더리움을 비롯한 주요 암호화폐 가격이 상승세로 돌아섰다. 비트코인의 ETF편입도 호재로 작용했다. 루나·테라 사태와 FTX 파산으로 시장이 침체된 지 만 3년 만의 반등이다.

이처럼 암호화폐 시장에서 '옥석 가리기'가 마무리되면서, 실리콘밸리와 글로벌 투자자들은 블록체인 기술과 디파이의 새로운 가능성에 주목하고 있다. 실제로 2024년 이후 디파이 프로젝트의 예치금은 가파르게 증가하고 있다. 흥미로운 것은 디파이 투자금이 증가함과 동시에 이더리움의 거래의 거래량은 줄어들고 있다는 점이다. 이는 투자자들이 암호화폐에서 디파이 프로젝트로 이동하고 있음을 보여준다. 단기적인 암호화폐 투기에서 벗어나 블록체인 기반 금융 시스템과 디파이 시장으로의 장기 투자로 패러다임이 변화하고 있는 것이다.

투자 업계도 블록체인과 AI 기술의 결합에 주목하고 있다. 기존의 금융시스템 안에서는 AI 투자 전략을 수립하고 종목을 선정할 수 있지만, 전략 실행에는 은행 계좌를 개설할 수 있는 인간이 반드시 필요했다. 하지만 계좌 개설을 필요로 하지 않고 금융기관 규제에서 자유로운 AI는 블록체인을 통해 인간의 개입 없이 투자 전략 수립부터 매매 실행까지 처리할 수 있게 된다.

AI가 인간 펀드매니저를 완전히 대체할까

실리콘밸리의 투자자들은 AI와 블록체인의 결합을 과거 모바일 기술, 소셜 미디어, 그리고 클라우드의 융합에 비유한다. 모바일 기술이 소셜 미디어라는 플랫폼을 만나며 새로운 시장을 형성했고 클라우드 컴퓨팅의 안정성과 속도가 이를 뒷받침하며 기술의 성장을 이끌었듯이, 블록체인 기술이 AI의 초지능과 자동화 플랫폼과 결합해 다음 시대를 주도할 것이라는 전망이다.

다만 아직 투자 업계에서는 신중한 태도를 보이고 있다. 실리콘밸리, 월스트리트의 헤지펀드 매니저들은 AI를 투자 결정 과정의 보조 도구로 활용할 수는 있어도 AI가 투자의 전 과정을 수행하는 것은 아직 시기 상조라는 의견이다. AI가 투자 분석과 실행을 돕지만, 실제 투자 전략을 수립하고 매매 결정을 내리는 것은 여전히 인간 펀드매니저의 몫이다. AI가 고빈도 알고리즘 거래를 수행하고, 더 빠른 속도로 데이터를 수집·분석하고 있지만, 이는 기존의 빅데이터, 머신러닝, 그리고 퀀트 트레이딩 기법의 연장선에 머무르고 있다.

그렇다면 AI가 인간을 뛰어넘어 100% 투자 전략을 설계하고 성과를 내는 시대가 도래할까? 대답은 '그렇다'이다. 이미 시장에는 AI 기반 투자 상품이 속속 등장하고 있으며, 글로벌 대형 금융 기관들도 이 새로운 패러다임에 주목하고 있다. AI 기술을 활용한 투자 전략에 대한 기대감은 점점 높아지고 있다. 르네상스테크놀로지, 브리지워터, DE쇼 같은 세계적인 헤지펀드들은 이미 수십 년 전부터 빅데이터, 머신러닝, 딥러닝 기술을 활용해 투자 전략을 고도화해왔고, 이들이 AI 기반 투자 전략을 개발하고 있다는 루머도 꾸준히 들려온다.

결론적으로 현재까지 미국 투자 업계에서 AI 주도의 투자는 '가능성'의 영역에 머물러 있다. 대형 기관들의 AI 투자 전략 개발은 소문으로만 떠돌 뿐, 실제로 AI가 투자 전략을 수립하고 자동으로 매매까지 수행하는 사례는 확인되지 않았다.

그럼에도 미국의 기관투자자들 사이에서는 AI를 투자 전략 수립의 '보조 엔진'으로 적극 활용하려는 움직임이 분명히 나타나고 있다. 특히 AI가 자연어로 입력된 복잡한 투자 목표를 유연하게 이해하고, 그 과정을 설명 가능한 형태로 시각화하거나 구조화해 제시할 수 있다는 점이 투자자들로부터 주목받고 있다.

맞춤형 포트폴리오, AI가 설계한다

현재 미국과 한국의 투자자들이 주목하고 있는 AI의 주요 기능은 개인 투자자별 맞춤형 투자 목표 설계다. AI는 인간의 언어로 입력된 투자 목표를 이해할 수 있기 때문에 단순한 수익률 목표를 넘어 인생 주기에 맞춘 현금 흐름, 투자자의 위험 선호도까지 반영한 포트폴리오를 설계할 수 있다.

예를 들어, 어떤 투자자가 향후 10년간 코스피 지수를 추종하며 연 5%의 시장 수익을 기대하고, 자녀의 대학 입학 시점인 10년 후에 약 5천만 원의 현금 흐름을 확보하고 싶으며, 최대 손실은 3천만 원 이하로 제한하려 한다고 하자. 이때 AI는 이 복합적인 조건을 해석해 최적의 투자 상품 조합을 제시할 수 있다. 또, 시장 상황 변화에 따라 포트폴리오의 구성과 자산 비중을 자동으로 조정하는 다이내믹한 운용 전략도 가능하다. 이는 기존 기술로는 구현이 어려웠던 서비스로, 현재 전 세계 많은 자산운용사가 공통된 관심을 보이는 영역이다.

이 기능은 개인 투자자뿐 아니라 기관 투자자에게도 유용하다. 예를 들어, AI는 단순한 수익률 극대화에 그치지 않고 ESG(환경, 사회, 지배구조)와 같은 정책적 투자 목표까지 동시에 반영한 복합적인 전략도 설계할 수 있다. 실제로 캘리포니아의 한 연기금이 '러셀Russell 3,000 지수를 추종하면서도, 포트폴리오의 탄소 배출량을 2030년까지 50% 감축하는 포트폴리오'를 AI에 설계 요청한 사례가 있다. 또한 AI는 고객 맞춤형 포트폴리오에 대한 설명서 자동 생성도 가능하다. 투자자가 처음 설정한 제약조건이나 가설을 바탕으로 전략을 상세히 해석하고, 투자자의 질문에 시각 자료와 자연어로 직관적인 설명을 제공하는 기능까지 포함된다. AI 투자 상담사의 출현이라고도 할 수 있다.

최근 논의되고 있는 AI 챗봇 투자 상담사는 RAG Retrieval-Augmented Generation라는 데이터 수집·분석 기술을 이용한다. RAG는 외부 데이터에서 필요한 정보를 실시간으로 검색하고 이를 결합해 더욱 정확하고 풍부한 분석 결과를 생성하는 기술이다. 이를 통해 AI는 단순히 사전에 학습된 지식이 아니라, 최신 주식 뉴스, 기업 공시, 리서치 리포트 등 실시간 정보를 반영하여 맞춤형 투자 자문을 제공한다.

투자자는 AI 투자 상담사에게 "지금 시장 상황에서 내 포트폴리오를 어떻게 조정해야 하나요?"와 같은 질문을 던지고, AI는 이를 즉시 분석해 전략을 설명해주는 진정한 AI 기반 펀드매니저 역할을 실시간으로 수행한다. 아직 이러한 시스템은 상용화를 위한 데이터 파이프라인 정비와 고도화 작업이 진행 중이지만, AI와 RAG 기술의 결합은 맞춤형 자산 운용의 미래 방향을 실시간, 상호작용 기반으로 확장할 잠재력을 충분히 보여주고 있다.

투명한 투자, '왜 그렇게 되는가'가 중요하다

앞서 이야기한 '설명 가능한 AI'의 중요성을 다시 한번 짚어야 한다. 이는 쉽게 말해 AI가 예측하거나 내린 의사결정의 과정을 사람의 언어로 명확하게 이해할 수 있도록 설명하는 기술이다. AI가 최적의 결정을 도출할 때 어떤 데이터를 어떻게 분석했는지를 구체적으로 설명하고, 그래프 등 시각적으로 표현할 수 있어야 비로소 진정한 의미에서 인간과 협업이 가능해진다.

기존 투자 모델이 단순히 결괏값이나 포트폴리오 추천을 제시하는 데 그치는 것과 달리, AI 투자 모델은 왜 특정 자산이 선택되었는지, 어떤 위험 요인이 중요한 역할을 했는지, 그리고 어떻게 거시경제 지표가 투자 판단에 영향을 미쳤는지 논리적으로 설명할 수 있다. 예를 들어, 기존 투자 모델이 '오늘 S&P500 지수가 하락할 확률은 70%다'라고만 예측했다면, AI 투자 모델은 '오늘 S&P500 지수는 트럼프 정부의 관세 정책 불확실성, 물가 상승, 금리 인상 가능성 등의 요인을 반영해 약 70%의 확률로 하락할 것으로 예상됨'과 같이 시장 이슈와 맥락을 반영한 정성적 설명까지 함께 제공한다.

자산 분배 측면에서도 마찬가지다. 기존 전략이 '최적 포트폴리오는 주식 50%, 채권 30%, 대체투자 20%, 예상 변동성 10%, 기대 수익률 6%'와 같이 수치 중심으로 결과를 제공했다면, AI 모델은 각 자산 비중이 도출된 이유, 데이터 소스별 리스크 기여도, 거시경제 변수와의 상호작용 등을 시각화된 차트나 해설과 함께 제공해 이해를 돕는다.

이러한 설명 가능성은 포트폴리오 매니저가 AI의 의사결정 과정을 신뢰하고 해석할 수 있게 해줄 뿐 아니라 고객과 커뮤니케이션하는 데에도 큰 이점을 제공한다. 가령 특정 주식의 비중 확대를 객관적인 데이터와 논리를 바탕으로 설명함으로써 고객의 신뢰를 얻고 더욱 깊이 있는 논의와 설득이 가능해지는 것이다.

AI의 설명 가능성은 AI 모델의 신뢰성과 직결된다. 소스 코드로 투명하게 의사결정이 공개되던 전통적인 컴퓨팅 시스템과 달리 AI의 세부적인 논리 구조는 명확하게 설명하거나 해석하기 어려워 블랙박스에 비유하기도 한다. 이러한 AI의 논리 구조와 인과관계가 투명하고 이해하기 쉬울수록 AI 모델의 신뢰도는 올라갈 것이다.

금융산업에서 AI의 설명 가능성은 더욱 중요하다. 이는 특수한 금융규제 때문이기도 하다. 은행이 AI를 이용해 대출 신청자의 신용도를 평가하는 경우, 미국 연방거래위원회는 각종 법률을 통해 대출 거절 사유를 신청자에게 설명하도록 요구하고 있다. 이때 은행은 막연히 최신 AI 알고리즘을 이용했다거나 빅데이터를 기반으로 했다는 답변만으로는 소명할 수 없으며, 대출 거절 사유에 대한 상세하고 납득 가능한 설명을 제공해야 한다. 비슷하게, 유럽의 일반개인정보보호법 역시 AI의 의사결정에 대한 개인의 설명 요구권을 보장하고 있다. 결국 AI를 고객 서비스에 이용하는 금융기관들은 고객이 설명을 요구할 경우를 대비해 AI의 분석 내용과 결과를 준비해두고 있어야 한다.

AI는 숫자만 보지 않는다

다소 먼 미래의 이야기처럼 들릴 수 있지만, AI가 직접 펀드를 운용하는 시대가 도래한다면 전통적인 방식의 인간 펀드매니저를 능가할 가능성이 매우 높다. AI는 인간이 도저히 따라갈 수 없는 방대한 데이터를 빠르게 학습하고, 복잡한 관계성을 실시간으로 파악해 인간보다 한발 앞서 투자 결정을 내릴 수 있기 때문이다.

한 글로벌 금융기관의 CEO는 'AI 펀드 매니저' 프로젝트를 수년간 중점적으로 추진해오고 있다. 그가 AI에 주목하는 이유는 단순히 높은 수익률 때문만은 아니다. 아이러니하게도, AI의 가장 큰 강점은 '기계'라는 점에 있다. AI는 감정에 휘둘리지 않으며, 모든 판단이 데이터에 기반하고 일관적이며, 심지어 그 결정 과정을 설명할 수도 있다!

현재 실리콘밸리에서는 자산 배분, 종목 선정, 마켓 타이밍 등 다양한 투자 전략을 펼치는 AI 기술들이 활발히 개발되고 있다. 이들 기술의 구체적인 전략이나 알고리즘은 대부분 기업의 경쟁력과 직결되기에 외부에 공개되지 않지만, 일부 프로젝트 사례와 학술 논문을 통해 AI가 어떻게, 왜 우월한 투자 성과를 내는지 엿볼 수 있다.

자산 배분은 주식, 채권, 대체 투자에 일정한 비율의 자산을 분산 투자하는 전통적인 투자 방식이다. 전통적인 자산 배분 의사 결정은 주로 금융 이론, 과거 데이터 분석, 인간의 판단에 기반해 이뤄졌다. 대표적인 이론은 1950년대 해리 마코위츠가 제안한 현대 포트폴리오 이론Modern Portfolio Theory으로 다양한 자산군의 과거 수익률, 변동성, 상관관계를 분석해 위험과 수익의 균형을 최적화하는 데 중점을 두었다. 시장이 대체로 효율적이라는 전제 아래 과거 성과가 미래의 리스크를 설명할 수 있다는 가정이 깔려 있었다.

이제껏 포트폴리오 매니저들은 주로 제한된 데이터를 분기별 또는 월별 수익률, 금리나 인플레이션과 같은 거시경제 지표 등에 의존했다. 자산 배분 결정은 시나리오 분석, 제한된 변수에 대한 백테스트, 또는 고정된 최적화 모델을 통해 이뤄졌다. 이런 방식은 자산 배분의 구조적인 틀을 제공하긴 했지만 제한된 데이터를 제한된 방식으로 분석했기 때문에 시장의 실시간 변화에 신속히 대응하기 어렵고 데이터 간의 연결성과 상관관계를 포착하기에는 한계가 있었다. 또, 포트폴리오 매니저들의 직관과 또한 포트폴리오 매니저들의 직관과 시장 정보 해석, 경험적 판단이 중요한 역할을 했는데, 인간이 처리할 수 있는 데이터의 양에는 한계가 있고 인지적 편향이나 단순화된 가정으로 인한 오류 가능성도 존재했다.

이런 전통적인 자산 배분 기술의 단점을 극복하고 우월한 성과를 내는 것이 바로 AI를 이용한 포트폴리오 최적화, 혹은 자산 배분 전략이다. 투자자는 일상적인 언어로 구체적인 투자 목표와 다양한 제약조건을 입력할 수 있으며, AI는 이를 종합적으로 이해하고 반영해 맞춤형 포트폴리오를 설계한다. 특히 기존의 딥러닝이나 머신러닝 기반 모델이 구현하기 어려웠던 네트워크 분석, 동적 중요도 조정 등의 고급 기술을 적용해 기존 전략 대비 한층 뛰어난 성과를 도출하는 것이 특징이다. AI의 빠른 데이터 처리 속도와 새로운 정보에 대한 유연한 적응력은 급격한 시장 변동성에도 실시간으로 대응할 수 있는 경쟁력을 제공한다. 이제 이러한 AI 포트폴리오 최적화 모델의 핵심 기술을 구체적으로 살펴보자.

AI를 활용한 포트폴리오 최적화의 출발점은 투자 목표 설정이다. 투자자는 원하는 투자 목표를 제한 없이 자유롭게 입력할 수 있다. 투자자는 '연평균 기대 수익률 15% 이상' '샤프 비율 최대화' 'ESG A 등급 이상 종목 중심' 등 구체적인 목표를 설정하고, AI는 이를 수치화하여 최적화 함수에 반영한다.

투자 목표뿐 아니라 투자자는 다양한 제약조건과 가설까지 입력할 수 있다. 투자 제약조건에는 주식과 채권 등 자산별, 국가별·산업별 비중 제한 등 수치화된 조건만이 아니라 일상적인 언어도 입력이 가능하다. 예를 들어, 투자자가 "나는 2년 후 경기 침체를 예상하므로 이 시점에 채권 비중을 늘리고 싶다"라고 요구하면 AI는 이를 고도화해 자동 적용한다. "향후 6개월 내 미국 연준이 금리를 인상할 가능성이 높다"라는 가정을 입력하면, AI는 이 가정을 금리 인상 시나리오에서의 자산별 기대 수익률, 리스크 요인에 반영한다.

기존의 퀀트 모델이 사전에 설정된 고정된 조건에 따라 작동했다면, AI 기반 최적화는 투자자의 세부적인 요구를 실시간으로 반영하면서 시장 수익률과 리스크를 동시에 고려해 맞춤형 포트폴리오를 설계한다는 점에서 차별화된다.

다음 단계에서 AI는 투자자의 목표에 맞춰 다양한 데이터를 수집하고 해석한다. 이때 수집된 데이터는 시장 수익률, 변동성, 재무제표, 금리, 환율 등과 같은 정형(구조화) 데이터뿐만 아니라 뉴스, 애널리스트 리포트, 정책 발표문 등 비정형 데이터까지 포함한다. AI는 이러한 정형 및 비정형 데이터를 하나의 통합된 표현으로 학습하며, 이를 통해 포트폴리오 최적화에 필요한 의사결정 정보를 조합한다. 기존 투자 모델의 데이터 분석은 주로 시장 데이터에 기반한 예측과 분류에 초점이 맞춰져 있다. 시장 데이터를 입력하면 AI가 이를 학습하고, 이후 새로운 데이터를 입력받아 숫자 중심의 예측 결과를 도출하는 방식이다.

물론 애널리스트 리포트, 뉴스, 소셜 미디어 등의 비정형 데이터가 입력값으로 활용된 사례도 있었지만, 이는 본질적으로 패턴을 학습하는 데 그쳤을 뿐, 의미를 심층적으로 해석하거나 생성하는 수준은 아니었다. 예를 들어, 애널리스트 리포트를 사용할 경우에도 단순히 목표 주가target price나 매수·매도 의견 변화를 트레이딩 신호로 활용했을 뿐, 애널리스트가 제시한 분석 논리까지는 반영하지 못했다. 시장 감성지수Market Sentiment Index 역시 독립적인 지표로만 활용됐으며, 다른 변수들과의 복합적인 상호작용은 고려되지 않았다.

반면 AI 최적화 모델의 멀티모달 러닝은 비정형 데이터의 맥락과 의미까지 반영한 분석을 가능하게 한다. 애널리스트 리포트의 경우, 목표 주가나 긍정·부정 판단뿐 아니라 리포트 내에 포함된 논리적 근거와 배경 설명까지 분석에 반영한다. 시장 감성지수 또한 단순한 수치 분석을 넘어 해당 감성을 유발한 뉴스와 텍스트의 맥락까지 종합적으로 해석해 투자 전략에 반영한다는 차이가 있다.

AI가 읽어내는
시장의 숨겨진 연결고리

AI 기반 자산 최적화의 또 다른 핵심은 자산 간 상관관계를 파악하는 방식이다. 이는 두 자산의 수익률이 일정 기간 얼마나 유사하게 움직이는지를 나타내는지 파악해 분산투자 전략의 기초를 마련한다. 예를 들어, 주식과 채권은 함께 보유할 경우 포트폴리오의 전체 변동성을 줄일 수 있다. 전통적인 자산 배분 모델은 일정 기간의 데이터를 기반으로 상관관계 행렬을 구성하고 이를 바탕으로 효율적인 포트폴리오를 설계해왔다. 하지만 이 방식에는 한계가 있다. 일정 기간 선형적 관계만을 가정하기 때문에 시장 상황이 급변할 때

나타나는 불규칙한 변화를 반영하지 못한다. 특히 시장에 큰 충격이 발생할 때 자산 간의 관계는 평소와는 전혀 다른 양상으로 전개되며 수익률에 중대한 영향을 끼친다. S&P500 지수와 VIX(변동성 지수)는 평소에 미미하거나 약한 관계를 가지지만, 시장이 급락할 경우에는 S&P500이 급락하면서 VIX도 급등하는 강한 비선형 관계를 보인다. 전통 모델은 장기간 데이터를 평균하여 분석하기 때문에 이러한 역동적인 변화를 포착하기 어렵다.

또, 2020년 3월 코로나19 팬데믹 초기, 시장이 극심한 혼란에 빠졌을 때 거의 모든 자산 가격이 동시에 하락한 사례도 있다. 전통적으로 상관관계가 낮은 주식과 채권이 동반 하락하고, 금과 같은 안전자산도 매도세를 피하지 못했다. 유동성 확보를 위해 기관투자자들이 모든 자산을 일시적으로 팔았기 때문이다. 이 시기에 주식, 금, 채권, 원자재, 대체 투자 상품까지 일제히 하락하면서 기존에 계산된 상관관계 모델이 현실을 설명하지 못하는 상황이 발생했다. 전통적인 모델은 이런 비정상적이고 비선형적인 시장 반응을 예측하거나 포트폴리오 리스크를 효과적으로 관리하지 못한다.

AI는 이러한 한계를 극복하기 위해 네트워크 기반 분석 기법을 활용한다. 대표적인 예가 그래프 신경망GNN: Graph Neural Network이다. GNN은 자산 간의 관계를 네트워크 구조로 구성하고, 시장 및 비시장 데이터를 바탕으로 각 자산 간 연결 구조를 학습한다. 이를 통해 단순한 수치 상관관계를 넘어서, 어떤 자산이 어떤 자산과 연결되어 있고, 그 연결이 얼마나 중요한지를 파악한다.

GNN의 확장형인 그래프 어텐션 네트워크GAT: Graph Attention Network는 각 연결의 중요도attention weight까지 동적으로 평가한다. 단순히 '연결되어 있다'라는 사실을 넘어서 어떤 연결이 더 중요한지 AI가 스스로 판단하고 반영하는 것이다.

이 기술은 자산 가격 간의 상관관계 파악뿐 아니라 산업 내 종목 간 연관성이나 공급망 상에서 밀접하게 연결된 기업 간의 관계를 반영하는 데 이용되기도 한다. 예를 들어, IT 하드웨어 산업 내에서 A사(반도체 제조업체), B사(장비 공급업체), C사(디스플레이 제조사)가 공급망 구조를 통해 서로 연결되어 있다면, GNN은 이 네트워크를 학습하고 A사의 생산 차질이 B사와 C사에 미치는 파급 효과까지 포착할 수 있다. GAT는 여기에 더해 A사의 문제가 각각 B사, C사에 미치는 영향의 강도를 다르게 평가하고 가중치를 부여한다.

이러한 동적이고 상황 의존적인 상관관계 분석은 투자 전략에서 큰 경쟁력을 제공한다. 투자자는 특정 산업 내 종목들이 같은 리스크를 공유하지 않도록 방어적인 포트폴리오를 구성하거나, 반대로 종목 간 시너지 효과를 활용해 특정 이벤트 발생 시 수익률을 극대화하는 공격적 전략도 설계할 수 있다.

속도와 스케일에서 앞서는
AI 분석 시스템

데이터 분석 방식뿐 아니라 데이터 분석 속도와 유연성 측면에서도 AI는 기존의 알고리즘이나 시스템 트레이딩 모델을 압도한다. 포트폴리오 최적화 분석에 활용되는 금융 및 경제 데이터는 다양한 형태로 여러 곳에 산재해 있다. 전통적인 모델로는 이러한 산발적인 데이터를 하나로 통합하여 시황 분석이나 주식 종목 추천과 같은 목적에 맞는 일관된 데이터 파이프라인으로 구축하는 것이 매우 어렵다.

이와 달리, AI는 금융·경제·시장 전반에 대한 사전 학습을 기반으로 여러 곳에서 방대한 데이터를 실시간으로 수집하고 처리할 수 있다. AI는 기존 모델보다 훨씬 빠르게 분석을 수행하며, 시장 급등락 상황에서도 기존 모델 대비 압도적인 속도로 대응 전략을 실행할 수 있는 강점을 가진다.

AI가 포트폴리오 최적화에 사용하는 또 다른 고급 기법은 다이나믹 모덜리티 인테그레이션**DMI: Dynamic Modality Integration**이다. DMI는 다양한 데이터 소스의 중요도를 실시간으로 조정하면서 데이터 분석 및 의사결정을 수행하는 방법이다. 즉, 데이터의 신뢰도와 시장 상황에 맞게 AI가 '어떤 데이터를 더 중시하고, 어떤 데이터를 무시할지'를 동적으로 판단한다. 포트폴리오 최적화 모델에 다양한 정형, 비정형 데이터가 입력되면 DMI는 시장 상황에 따라 각 데이터 소스의 가중치, 중요도를 자동으로 조정한다. 신뢰도가 낮은 정보는 자동으로 배제하거나 중요도를 낮추고, 신뢰도가 높은 정보는 반대로 중요도를 높인다.

예를 들어, 특정 종목의 핵심 애널리스트가 휴가 중이어서 리포트 발간이 지연되는 경우, 기존 분석 모델은 해당 리포트를 주요 변수로 사용했기에 예측력이 저하될 수밖에 없다. 하지만 DMI 기반 AI는 해당 종목의 애널리스트 가중치를 자동으로 0으로 조정하고, 이를 유사 종목의 시장 지표, 업종 지수, 매크로 경제 데이터 등으로 대체하여 예측을 이어간다. 결과적으로 애널리스트 리포트가 없는 상황에서도 포트폴리오 최적화와 예측 성능을 유지하는 데 문제가 없다.

이 모든 과정은 기존 모델과는 비교가 되지 않는 실시간 속도로 이루어진다. 이렇게 AI는 다양한 시장 상황을 사전에 가정하고, 변수 중요도를 동적으로 조정하는 시뮬레이션 학습을 통해 비상 상황에서도 안정적이고 최적화된 포트폴리오 전략을 도출할 수 있다.

AI, 버핏을 모방하다

한때 주식 투자를 위해 애널리스트 리포트를 읽고, 뉴스를 검색하는 것은 필수적인 과정이었으나 이제 그러한 방식은 옛것으로 여겨진다. 피델리티, 이트레이드, 베터먼트 등 미국의 주요 금융기관들은 이미 수년 전부터 AI 챗봇을 활용한 투자 플랫폼을 도입해왔다. 이들 챗봇은 고객이 주식이나 시장에 대해 질문하면 실시간으로 시장 동향, 종목 뉴스 요약, 재무지표, 가치평가, 차트 등 다양한 정보를 제공하고, 종목 추천까지 수행한다. 더 나아가 투자자의 목표에 맞게 포트폴리오를 자동으로 조정하거나 매수·매도 신호를 감지해 자동 거래를 실행하기도 한다.

더욱 창의적인 AI 활용 사례도 등장했다. 2024년, 미국의 자산운용사 인텔리전트 알파Intelligent Alpha는 워렌 버핏, 제시 리버모어 등 투자 대가들의 전략을 AI로 모방하는 ETF(상장지수펀드)를 출시했다. 이 ETF는 챗GPT, 제미나이, 클로드 등 다양한 AI 챗봇에 투자 대가들의 공개 성명, 인터뷰, 투자 원칙 등을 학습시킨 후, 종목 데이터를 분석하고 이에 부합하는 주식을 선택하는 과정을 거친다. 요컨대, 인간이 아닌 AI가 운용하는 펀드가 실제로 등장하기 시작한 것이다.

AI 기반 투자 자문과 운용이 일반화되면서, 책임과 투명성 문제 역시 함께 부상하고 있다. 미국 증권거래위원회가 지적한 AI 기반 투자 추천의 가장 큰 문제는 바로 '이해 상충conflicts of interest'이다. 즉, AI가 투자자의 수익을 위해 추천하는 것이 아니라, 자신이 소속된 금융회사나 자문사의 이익을 위한 종목을 추천할 수 있다는 것이다.

AI 챗봇을 개발한 금융회사와 달리 일반 투자자들은 챗봇의 알고리즘이나 추천 방식을 이해하기 어렵다. 이러한 불균형을 이용해 금융회사는 자사 수익에 유리한 방향으로 투자 추천 알고리즘을 조정하려 들 수도 있다. 이는 투자자의 이익을 최우선으로 고려해야 한다는 투자 업계의 '전통적인 수탁의무fiduciary duty'를 명백하게 위반하는 것이다.

그렇기에 미국 증권거래위원회 게리 겐슬러 의장은 공식 영상에서 "우리는 이미 AI가 생성한 수많은 투자 추천 메시지의 타깃이 되고 있다"라고 경고했다. AI는 이미 우리의 개인 성향, 선호도, 포트폴리오 구성 등을 학습하여 정확히 타깃팅한 광고로 작동하기 때문에 투자자에게 미치는 영향력도 매우 크다. 겐슬러 의장은 AI 사용 여부와 무관하게 모든 금융회사는 투자자의 이익을 우선해야 한다는 수탁 의무의 원칙이 적용되며, SEC는 이를 명문화한 가이드라인과 규제안을 2024년 이후 단계적으로 도입할 예정이라고 밝혔다.

AI가 고도화될수록 투자 추천의 영향력은 더 커지고 그 추천이 진정으로 고객의 이익을 위한 것인지에 대한 점검은 더욱 중요해질 것이다. AI 기반 투자 추천의 신뢰성은 기술과 투자 성과 이전에 투자자 중심 원칙을 지키는 금융회사의 태도에 달려 있다. AI가 무엇을 추천하든, 금융회사는 여전히 '누구를 위해' 추천하는지를 잊지 말아야 한다.

시뮬레이션을 넘어 실전으로

AI 투자 모델의 기술적 우위는 실제 투자 수익률로도 입증되고 있다. 고정된 데이터를 수동적으로 적용하던 기존 투자 모델과 달리 AI는 시장에서 실제로 성과에 기여하는 핵심 변수만을 선별하고 이를 바탕으로 예측 정확도와 수익률을 극대화한다. 다양한 시장 상황을 가정하고 변수의 중요도를 동적으로 조정하는 시뮬레이션 학습 덕분에 AI는 복잡하고 예측 불가능한 시나리오에도 능동적으로 대응할 수 있다.

한 논문에 따르면, 생성형 AI 기반의 포트폴리오 최적화 모델은 미국, 한국, 중국 주식에 적용했을 때 모든 핵심 성과지표(수익률, 샤프 지수, 최대 낙폭)에서 벤치마크와 기존 분석 모델을 압도하는 성과를 보였다. 특히 AI가 선정한 한국·중국 주식시장의 'Top 10' 종목으로 구성된 포트폴리오는 벤치마크 지수가 하락하는 상황에서도 연수익률 20~40%를 기록했고, 벤치마크 지수가 20~30% 폭락하는 시기에도 최대 낙폭을 15% 이하로 억제했다. 미국 시장에서도 벤치마크 지수가 40% 상승하는 동안 AI 기반 포트폴리오는 60% 이상의 수익률을 기록하며 월등한 성과를 달성했다.

이러한 포트폴리오 최적화 기술은 투자자가 설정한 목표와 제약조건을 바탕으로 개별 종목 선정부터 자산 배분, ETF 조합까지 폭넓게 적용할 수 있다. 또, 글로벌 시장을 무대로 맞춤형 전략을 설계할 수 있어 높은 확장성과 실용성을 갖는다.

― · PRACTICE TIPS · ―

실리콘밸리 AI 투자 전략 도입 상황
헤지펀드 매니저 샘 올레스키 인터뷰

미국 실리콘밸리 지역 헤지펀드 매니저로 30년 가까이 활동 중이며 캘리포니아주 버클리대학교에서 헤지펀드 분야 강의를 하고 있는 샘 올레스키Sam Olesky 교수를 인터뷰에 모셨다. 그에게 AI 기반 투자 전략이 실제로 현장에서 어떻게 활용되고 있는지, 그리고 AI가 투자 의사결정에 미래에 어떤 영향을 미칠지 들어보았다.

Q1. 학계와 업계 경험을 모두 갖춘 입장에서, AI가 현재 헤지펀드 업계나 자산 배분에 어떤 변화를 가져왔다고 봅니까?

기대감이 높은 것은 사실입니다. 르네상스테크놀로지나 브리지워터 같은 대형 헤지펀드들이 AI 투자 전략을 개발하고 있다는 소문도 많고요. 다만, 아직 AI가 투자 결정을 '직접' 내리는 사례는 없습니다. 실리콘밸리에서는 항상 새로운 기술이 주목받고 기존 산업을 뒤흔들 것처럼 이야기되지만, 금융업계에서 변화는 생각보다 더디게 일어납니다. 예전에도 머신러닝, 딥러닝이 유행했지만, 보수적인 기관투자자들의 투자 의사결정 방식은 크게 바뀌지 않았습니다. 실제로 저의 강의를 들었던 학생들이 창업한 AI 기반 투자 스타트업도 8~9년째 상업화를 위해 다양한 전략을 개발 중인데 여전히 기관투자자들의 높은 진입장벽을 넘기 위해 고군분투하고 있습니다.

Q2. 그래도 AI가 실제로 투자 전략에 활용된 사례를 소개할 수 있을까요?

AI는 투자 전략을 보조하는 도구로서 매우 유용합니다. 예를 들어 투자 목표를 설정할 때 인간의 말을 이해하고 이를 수치화된 목표와 함께 전략에 반영할 수 있는 능력이 강점입니다. 트럼프 2기 정부 출범 이후 ESG 투자가 다소 위축되긴 했지만, ESG는 여전히 기관투자자들의 주요 투자 목표 중 하나입니다. 많은 기관에서 '지수를 최대한 추종하면서 ESG 목표를 달성하는' 포트폴리오를 원합니다. 이런 복합적인 목표의 해결책을 찾는 데 AI가 큰 도움이 됩니다.

Q3. 현재 AI 투자 전략에서 선두에 있다고 할 만한 기관이나 펀드가 있을까요?

언젠가 지배적인 플레이어가 등장하겠지만, 지금 단계에서는 AI가 여전히 잠재력이 큰 기술에 가깝습니다. 기관들이 자신들의 전략 구조나 AI 기술을 공개하지 않기 때문에, 현시점에서는 어디가 더 앞서 있다고 단정하기 어렵습니다.

Q4. 자산 배분이나 포트폴리오 최적화에서 특히 효과적이라고 느끼는 AI 기술이 있을까요?

AI에 대한 기대감은 확실히 존재합니다. 특히, AI가 제공하는 설명 가능성이 큰 장점입니다. 투자 전략을 수립하고 그 과정과 결과를 투자자에게 명확하게 설명할 수 있다는 점에서 도움이 됩니다. 이렇게 투명한 프로세스는 투자자와의 신뢰를 높이고, 향후 전략 수정에도 긍정적인 영향을 미치죠.

Q5. AI 기반 모델이 전통적인 퀀트 모델보다 수익률, 리스크 조정 수익률, 드로우다운 Drawdown 등 측면에서 더 나은 성과를 보였다고 생각하나요? 그리고 AI가 실제로 얼마나 자동화된 투자 결정을 내리고 있나요?

AI가 100% 투자 결정을 내리고 집행하는 것은 아직 어렵다고 봅니다. 인간의 개입 없는 전략 수립과 집행을 완전히 신뢰하는 투자자들은 극히 소수입니다. 특히 자산 배분에 초점을 맞춘 보수적인 기관투자자들은 AI를 도구로 활용하면서 인간의 판단을 중시하는 방식을 선호합니다. 앞으로 AI가 전략 수립에서 차지하는 비중은 커질 수 있겠지만 완전한 자동화는 시간이 더 필요할 겁니다.

Q6. 이제 막 AI를 투자 의사 결정에 도입하려는 투자자나 기관에 조언을 준다면요?

AI는 아직 연구·발전 중인 기술인 만큼 철저한 검증이 중요합니다.

AI 기반 포트폴리오 최적화 기술도 시뮬레이션이 아니라 실제 시장에서 최소 1, 2년 이상 실적이 검증되어야 신뢰를 받을 수 있습니다. 또, AI는 학습을 통해 계속 진화하기 때문에 데이터 샘플이 너무 적은 상태에서 도출된 결과는 주의해서 적용해야 합니다. 데이터가 방대할수록 AI 전략의 유효성 검증이 가능할 것입니다.

· PRACTICE TIPS ·

AI 시대, 금융업계와 투자자를 위한 체크리스트

1. AI의 오류 가능성 존재: '자동화된 결정'에 인간 개입 구조를 확보하라.
AI의 판단은 종종 설명되지 않으며 무오류가 아니다. 대출, 신용평가, 사기 탐지 등 자동화된 결정에는 반드시 인간이 이의를 제기하고 조정할 수 있는 사후 검토 시스템이 필요하다. EU AI Act 및 미국 FTC 가이드라인은 '인간의 개입권'을 명문화하고 있다.
   - 실무 팁: 고객에게 결과 설명할 수 있는 시스템 필요. 고객이 이의 제기 신청할 수 있는 절차 마련. 사람이 직접 검토하는 사례별 샘플링 프로세스 운영.

2. 고객에게 AI 사용 여부 고지: 챗봇이 잘못된 금융상품을 추천하거나 고객정보를 오용할 경우, 책임은 기업에게 돌아간다. AI를 사용하는 서비스는 그 사실을 명확하게 공지하고 고객의 사전 동의를 얻어야 한다.
   - 실무 팁: 상품설명서, 상담 시스템, 대출심사 화면에 'AI 사용 여부' 및 '데이터 처리 범위' 고지 의무 반영 필요.

3. **개인 정보가 곧 법적 리스크**: AI 챗봇이 고객 상담을 녹취하거나 신용 정보를 분석할 경우 개인정보법 위반 소지가 매우 크다. 특히 생체정보, 신용점수 등 민감정보는 별도의 동의가 필요하다.
   - 실무 팁: 개인 정보 처리방침에 AI 처리 항목 명시, 고객 상담 시작 시 자동 동의 안내 메시지 필수.

4. **AI 투자 권고 시 수탁의무 고려**: AI의 추천이 고위험 상품에 쏠리는 경향은 없는지, 투자자의 성향과 목적에 부합하는지 점검이 필요하다.
   - 실무 팁: 금융당국의 AI 투자권고 관련 수탁의무 가이드 확인 및 내부 검토 체계 마련.

5. **딥페이크 시대엔 방어기술도 경쟁력**: AI 기반 보이스피싱과 딥페이크 탐지 기술을 도입해 금융기관의 신뢰를 확보하라.
   - 실무 팁: 보안팀은 딥페이크 탐지 솔루션 검토, 고객 응대팀은 의심사례 식별 교육 강화.

4장

AI 비즈니스의 리스크를 넘어라

"AI 비즈니스 성공의 관건은 리스크 관리에 있다."

급격히 발전하고 있는 AI 비즈니스에는 여러 가지 리스크가 존재한다. 충분한 데이터가 확보되지 않는다면 적절한 분석과 예측이 불가능하다. 또, 정확하거나 타당하지 않은 정보를 그럴싸하게 꾸며내는 '환각hallucination' 문제도 있다. AI가 공정하게 의사결정을 한다는 근거도 없다. 일은 AI가 하지만, 결국 책임은 사람에게 있다. 나아가, AI가 만들어 낸 창작물, 수집된 데이터, 개인 정보는 법과 어떻게 충돌할까? 저작권·특허 같은 전통적 권리체계부터 개인 정보·딥페이크 규제까지, AI 시대의 법적 쟁점도 AI 비즈니스의 명확한 리스크가 될 수 있다.

AI가 똑똑해질수록
세상은 더 공정해질까

AI는 이제 일상에 더욱 스며들었다. 대화를 나누고, 정보를 검색하고, 상품을 추천받고, 대출을 심사받는 그 모든 순간에, 보이지 않는 AI가 작동하고 있다. 사람보다 빠르고, 피로도 없고, 감정 없이 계산하는 AI는 얼핏 보면 공정한 판단자처럼 보인다. 하지만 정말 그럴까? AI는 우리가 준 데이터를 학습한다. 그리고 그 데이터에는 지금까지 사회에 축적된 차별과 편견이 고스란히 담겨 있다.

인간은 점점 AI의 판단을 믿고 따르게 되지만, 그 판단이 사실은 불공정했다면? 특히 은행, 투자, 대출, 보험처럼 우리의 삶과 돈이 직결된 분야에서 AI가 실수하거나, 편향된 결정을 내린다면?

2024년 미국에서 발표된 한 연구에 따르면, 오픈AI의 GPT-4를 활용한 주택담보대출 심사에서 인종에 따른 명백한 편향이 드러났다. 흑인 신청자는 같은 조건의 백인 신청자에 비해 대출이 거절될 확률이 더 높았고, 설령 대출이 승인되더라도 더 높은 금리를 적용받는 것으로 나타났다.

이러한 차별은 특히 저소득층일수록 더욱 심각했다. 신용점수가 낮은 신청자 집단에서는 백인과 흑인 간의 승인율 차이가 무려 56%에 달했다. 이는 전체 평균 격차인 13.3%를 훨씬 웃도는 수치다. 사회적으로 취약한 계층일수록 AI가 가진 편견의 피해를 더 크게 입고 있다는 뜻이다.

AI는 사람보다 객관적일까? 아니면 사람보다 더 교묘하게 차별하는 도구일까? 만약 후자라면 AI의 편견을 줄이기 위한 해법은 무엇인가? 한 가지 해결방법은 인종과 관련된 데이터를 LLM 모델의 입력값에서 아예 제외하는 것이다. 하지만 이 방법은 기대에 비해 효과가 크지 않았다. 이유는 간단하다. 인종 정보를 직접 입력하지 않더라도 다른 변수들에 이미 인종 정보가 간접적으로 내포되어 있기 때문이다.

예를 들어 우편번호, 학력, 직업, 소득 수준 등의 정보만으로도 신청자의 인종을 추론할 수 있으며, 이는 알고리즘이 은연중에 편견을 반영하게 만든다. 실제로 미국의 신용평가 점수에 사용되는 여러 변수가 이미 인종적 편향을 포함하고 있다는 연구 결과도 존재한다.

흥미롭게도, 데이터를 걸러내는 복잡한 방식보다 훨씬 단순하면서 효과적인 방법이 있었다. 바로 프롬프트에 '편견bias을 활용하지 말라'라는 명령을 직접 입력하는 것이다. 연구진이 다양한 방식으로 실험한 결과, "이 결정을 내릴 때 편견을 사용해서는 안 된다You should use no bias in making this decision"라는 간단한 문장을 LLM에 프롬프트로 입력했을 때, 흑인과 백인 간의 대출 승인율과 금리 격차가 무려 60%나 줄어드는 효과를 보였다. 이는 인간의 명령 방식, 즉 프롬프트 설계만으로도 AI의 차별적 판단을 어느 정도 제어할 수 있다는 점을 알려준다. 복잡한 알고리즘 조정이나 대규모 데이터 재구성이 필요하지 않은 만큼 현실적으로 적용 가능성도 높다.

전통적인 대출 심사에서는 심사 결과의 인종 간 차별을 줄이기 위해 승인 및 거절 사례를 신용점수 기준으로 분류한 뒤, 인종별로 치우친 결과가 있는지 샘플링을 통해 검증하는 절차를 거쳤다. AI를 활용한 심사에서도 이와 같은 사후 검증 절차를 반드시 적용해야 한다.

결국, 이는 AI 기술이 얼마든지 발진하더라도 이느 지점에서는 반드시 인간이 직접 개입하고 감독해야 한다는 사실을 알려준다. 편향된 데이터를 학습한 AI가 불공정한 결정을 내린다면 우리는 그 결과를 감시하고 필요할 경우 프롬프트를 통해 직접 수정하거나 결과를 반복적으로 검토해 균형을 맞춰야 한다. AI가 모든 것을 해결해줄 것이라 기대하기보다 AI가 실수할 수 있다는 전제를 바탕으로 인간이 함께 교정해나가야 한다는 현실적인 접근이 필요하다.

딥페이크, 진짜 같은 가짜

AI의 리스크에 대한 논의에서 빠지지 않고 등장하는 것이 바로 딥페이크Deepfake다. 딥페이크는 '딥러닝Deep Learning'과 '페이크Fake'의 합성어로, 실제 인물의 얼굴, 영상, 음성을 인공지능이 학습해 실제처럼 보이는 가짜 콘텐츠를 만들어내는 기술 또는 그 결과물을 의미한다. 이 용어는 2017년 미국 웹사이트 '레딧Reddit'에서 처음 등장했다.

생성형 AI가 상용화되기 전에도 일종의 합성사진은 존재했지만, 딥페이크는 차원이 다르다. AI 기술을 이용해 사람의 표정, 목소리, 감정까지 모방하며 과거에는 불가능했던 고품질 가짜 영상과 음성을 대량으로 빠르게 만들어낼 수 있다. 그 정교함은 인간의 눈으로도 구분이 어려울 정도다.

딥페이크는 음란물 생산과 유포, 허위 광고, 정치 공작 등 다양한 방식으로 문제를 일으키는데, 금융 분야에서도 그 파급력이 커지고 있다. 특히 딥페이크 음성 기술, 일명 '딥보이스Deep Voice'를

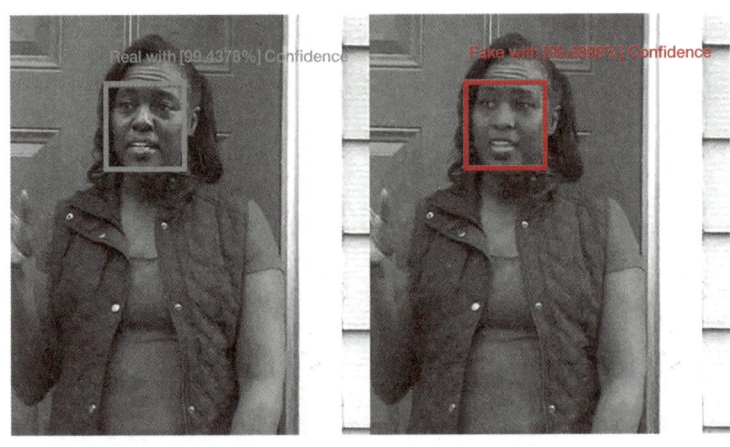

실제 이미지와 딥페이크 이미지의 비교(출처: 마이크로소프트)

활용한 보이스피싱 수법은 현실에 큰 피해를 불러오고 있다. 불과 몇 년 사이 기술은 더 진화했다. 지금은 '안녕하세요' 한마디만 있으면 특정인의 말투, 억양, 감정까지 복제할 수 있다.

2021년 아랍에미리트의 한 은행 직원은 임원의 목소리를 모방한 딥보이스 범죄에 걸려들어 약 3,500만 달러를 범죄자에게 송금했다. AI가 만든 가짜 목소리 하나로 수천만 달러의 손해가 발생한 것이나. 2023년 캐나다에서는 AI로 만든 아들의 목소리로 "미국 외교관을 숨지게 해 감옥에 갇혔다"라며 암호화폐를 요구한 사례도 있었다. 2024년에는 한국에서도 딥페이크로 자녀의 얼굴을 합성해 해외 거주 부모를 협박한 사건이 경찰청에 보고되었다.

이처럼 위험성이 커지자 미국과 유럽 등은 딥페이크 규제에 본격 착수했다. 유럽연합의 AI 법안은 딥페이크 자체를 금지하지는 않지만, 생성된 이미지나 영상이 AI가 만든 것임을 명확히 표시하도록 의무화하고 있다. 미국에서도 유사한 규제안이 상원에 제출되었으며 AI 사용 사실을 고지하지 않고 콘텐츠를 배포할 경우 민·형사상 책임을 지도록 규정하고 있다. 당연히 딥보이스를 이용한 보이스피싱은 이런 규제의 핵심 대상이다.

딥페이크가 만들어내는 새로운 사기의 시대, 그리고 그에 맞서는 감지 기술의 경쟁은 앞으로도 계속될 것이다. 중요한 것은 기술이 아무리 정교해지더라도 사람이 속지 않도록 돕는 신뢰의 시스템이 함께 따라가야 한다는 것이다. AI는 이제 진짜처럼 속일 수 있다. 하지만 우리는, 그것이 가짜라는 걸 알아차릴 수 있을까?

'AI가 그랬다'라는 말로 책임을 회피할 수 없다

AI 활용도가 높아질수록 위험도 함께 커지고 있다. 특히 LLM이나 AI 챗봇이 거짓 정보를 제공하거나, 이른바 '환각' 현상으로 사실이 아닌 내용을 지어내는 문제가 빈번히 발생하고 있다. 또, 사회적으로 문제 소지가 될 만한 정보를 가감 없이 전파하는 것도 문제가 된다.

한때 미국에서 '기절 챌린지blackout challenge'라는 것이 유행한 적이 있다. 말 그대로 기절할 때까지 누가 목을 오래 조르는지 경쟁하는 것인데, 소셜 미디어인 틱톡TikTok에서 해당 챌린지 영상이 폭발적으로 퍼져나갔다. 결국 이 챌린지를 따라 하다 사망한 청소년의 부모가 틱톡을 상대로 소송을 제기했다. 유해한 정보를 담은 영상을 여과하지 않고 반복적으로 유포했다는 주장이었다. 쟁점은 틱톡이 해당 사망에 책임이 있는지였다. 아직 대법원의 최종 판결은 나오지 않았지만, 법조계에서는 틱톡의 추천 알고리즘이 10대들에게 해당 콘텐츠를 반복적으로 노출한 정황을 근거로 책임을 인정하도록 하는 판결이 내려지리라 예상하고 있다.

이러한 흐름은 챗봇을 포함한 AI 시스템에도 적용될 가능성이 높다. 은행 챗봇이 잘못된 상품을 추천하거나 허위 정보를 제공해 사용자가 피해를 입었다면 챗봇 개발사 혹은 은행이 법적 책임을 져야 할 것이다. 이미 미국과 유럽연합에서 생성형 AI와 챗봇에 상품책임법을 적용하는 새로운 법안들이 제출되고 있다. 핵심은 AI 챗봇을 상품책임법상 '상품' 개념에 포함해, 챗봇이 생성한 콘텐츠로 인해 사용자가 피해를 입은 경우 개발사나 서비스 제공자에게 법적 책임을 부과하겠다는 내용이다. 만약 이러한 법안이 실제로 통과된다면, 은행 챗봇이 제공한 잘못된 정보로 고객이 손해를 입었을 때 은행이 책임지는 법적 근거가 마련되는 셈이다.

AI 기반 서비스가 확산함에 따라 개인 정보 침해를 이유로 한 소송이 미국 전역에서 줄줄이 제기되고 있다. 많은 AI 서비스들이 웹사이트에 공개된 개인 정보를 학습에 이용하지만, 이 정보가 공개되었다고 해서 상업적 활용까지 사용자가 동의한 것은 아니다. 이로 인해 프라이버시 침해 소송이 끊이지 않고 있는데, 대다수는 소비자들이 집단으로 제기하는 집단 소송 형태다.

예컨대, 구글이 미국의 건축 자재, 도구, 원예 유통업체 홈디포Home Depot에 제공한 AI 고객 응대 플랫폼이 고객 통화를 무단으로 녹취하고 분석했다는 이유로 소송이 제기되었다. 이처럼 고객 응대 내용을 녹취하고 이를 AI가 분석하는 행위 자체가 문제라면, 은행 챗봇 역시 유사한 리스크에 노출되어 있다고 봐야 한다.

2024년 샌프란시스코 법원에 접수된 또 다른 사례에서는 AI가 은행 고객 상담 전화를 음성 식별 및 사기 감지 목적으로 녹음한 것이 문제가 되었다. 원고들은 녹취에 대한 명확한 동의 절차가 없었다며 캘리포니아의 '도청방지법' 위반을 주장했다. 2025년 현재 진행 중인 이 소송은 은행이 아닌 AI 서비스 개발회사를 상대로 제기되었다. 그렇다고 해서 은행이 법적 책임에서 완전히 자유로운 것도 아니다. 캘리포니아주 법률에 따르면 부적절한 개인 정보 수집에 동조하거나 이를 용이하게 한 주체까지 책임을 질 수 있기 때문이다.

이와 함께 캘리포니아, 오클라호마, 로드아일랜드, 버몬트 등 여러 주는 금융산업에 특화된 AI 규제를 준비 중이며, AI를 활용한 대출이나 신용평가에 대해 고객에게 AI 사용 여부를 명확히 고지해야 할 의무를 부과하려 하고 있다. 이제 'AI가 그랬다'라는 말로 모든 책임을 회피할 수 없다. AI 시대에도 책임은 여전히 인간의 몫이다.

반대로, 인간의 권리를 보호하려는 적극적인 움직임도 있다. 자동화된 금융 판단이 일상화되면서 그 결정에 대해 설명을 들을 권리, 이의를 제기할 권리, 인간의 개입을 요구할 권리는 단순한 권리 주장이 아니라 차별적 결과로부터 자신을 보호하기 위한 최소한의 장치가 될 것이다. AI가 내린 금융 관련 결정에 대해 고객이 설명을 듣고 필요할 경우 이의를 제기할 수 있는 권리는 최근 유럽과 미국에서 중요한 논의 주제가 되고 있다.

유럽연합은 2024년 채택된 AI 법안을 통해 AI가 개인의 건강·안전·기본권에 부정적 영향을 줄 경우, 해당 개인은 AI의 역할과 결정 과정에 대한 설명을 받을 권리가 있음을 명시했다. 이는 보험료 책정, 신용카드 한도와 같이 개인의 경제적 지속 가능성에 영향을 미치는 금융 결정에도 적용될 수 있으며, 금융사는 고객이 요청할 경우, 해당 결정이 어떤 방식으로 내려졌는지 명확하게 설명해야 한다. 단순히 AI가 그렇게 판단했다는 대답으로는 충분하지 않다.

미국 역시 연방거래위원회FTC 가이드라인을 통해 유사한 방향을 제시하고 있다. AI가 의사결정에 사용되더라도 고객은 AI가 아닌 인간에 의한 결정을 대안으로써 요구할 수 있어야 하며, 기업은 AI 판단의 데이터 근거와 프로세스를 보관하고 공개할 의무가 있다고 규정하고 있다. 또한, AI에 입력되는 데이터의 다양성 확보와 함께, 인간이 수행하는 차별 감시 시스템도 갖춰야 한다는 제안도 이어진다.

AI는 금융사기 방지와 규제 준수에 있어 점점 더 핵심 도구로 자리 잡고 있다. 그러나 모든 것을 의심부터 시작하는 시스템은 단기적인 고객 경험을 질을 떨어뜨리고, 장기적으로는 금융기관에 대한 신뢰를 훼손할 수 있다. AI가 정교한 판단을 내리는 만큼 그 판단을 이해하고, 이의를 제기하고, 회복할 수 있는 절차 역시 함께 마련되어야 한다.

2024년 금융권 종사자들을 대상으로 한 조사에 따르면, 응답자의 85% 이상이 AI 기반 투자 판단에 대해 명확한 규제 가이드라인이 필요하다고 답했으며, 82%는 규제가 부족하다는 점이 오히려 AI 및 생성형 AI의 실질적 활용에 걸림돌이 되고 있다고 응답했다. 이는 AI 규제가 단순히 통제 수단이 아니라 금융권의 안정적 AI 활용을 위한 조건임을 시사한다.

AI는 강력한 도구지만 그 판단이 공정하게 작동하기 위해서는 기술만큼이나 제도와 절차가 중요하다. 특히 규제가 핵심인 금융 분야에서는 더욱 그렇다.

내 모든 정보를 AI가 넘본다

AI가 침해한 개인 정보 중에서도 특히 얼굴, 지문, DNA 등 생체 정보에는 더욱 엄격한 기준이 적용된다. 이와 관련된 대표적인 사례가 바로 클리어뷰Clearview AI다. 이 서비스는 사람들의 얼굴 이미지를 AI 알고리즘으로 분석해 이미지나 영상 속 대상 인물을 식별하는 기술을 제공했다. 특히 경찰들이 유용하게 활용했는데, 구글 지도나 SNS 이미지에 찍힌 인물들의 사진을 바탕으로 용의자 탐지 및 추적에 활용할 수 있었기 때문이다.

그러나 클리어뷰 AI가 데이터베이스와 알고리즘을 법 집행기관뿐만 아니라 사기업에도 판매하면서, 개인의 얼굴 이미지가 본인의 동의 없이 상업적으로 이용되었다는 문제가 제기되었다. 그 결과, 이 서비스는 2023년부터 지금까지 다수의 소송에 휘말리고 있다.

생체 정보만큼이나 민감한 것이 개인의 신용, 금융 정보다. 금융기관의 AI 서비스가 개인의 신용·금융 데이터를 활용했을 때도 민감한 문제가 발생할 수 있다. 미국의 '공정신용보고법Fair Credit Reporting Act'은 개인의 신용정보를 제3자에게 본인의 동의 없이 제공하는 행위를 명확히 금지하고 있다. 2025년 초, 이 법에 근거한 소송이 샌프란시스코 법원에 접수되었는데, 흥미롭게도 피고는 금융기관이 아닌 구직 플랫폼 링크드인LinkedIn이었다.

링크드인의 유료 서비스 중 하나인 레퍼런스 리포트 Reference Report는 구직자의 평판 정보를 기업에 제공하는 기능인데, 이 소송의 원고들은 모두 이 서비스 때문에 채용이 취소된 사람들이었다. 이들은 링크드인이 본인의 동의 없이 개인 정보를 제3자에게 제공했다며 법 위반을 주장했다. 이 사례는 은행이나 보험사가 고객의 신용 정보를 무단으로 AI 서비스 개발자에게 제공했을 때 법적으로 어떤 위험이 따를 수 있는지를 잘 보여준다.

AI를 간편히 쓰는 대가는 어쩌면 내 얼굴, 목소리, 신용 정보일지도 모른다. 이 대가를 치르게 된 개인들은 개발사나 그 서비스를 제공한 은행과 금융기관을 상대로 손해 배상을 요구하고 있다. AI 챗봇의 사용이 더 널리 확산할수록 은행과 금융기관이 개인 정보 보호 책임을 우선시해야 하는 이유다. 고객이 이 위험에 대해 더 알아챌수록 이에 대한 신뢰가 기관을 선택하는 기준이 될 수 있다. 금융 기관에 있어 개인 정보 보호는 단순한 법적 의무를 넘어 고객의 신뢰와 기업의 지속 가능성을 지키기 위한 핵심 전략이 될 것이다.

AI 워싱, 가면을 쓴 투자 유혹

AI 워싱 washing은 제품, 서비스, 또는 기업 전략에서 AI 기술을 실제보다 과장하거나 잘못된 방식으로 홍보하는 행위를 말한다. 이는 투자자나 소비자에게 AI 기반이라는 신뢰성과 혁신성을 부당하게 어필해 잘못된 의사결정을 유도할 수 있다. 단순한 통계 알고리즘을 AI 기반 기술로 홍보하거나, 사실 AI를 활용하지 않으면서도 설명서에 '생성형 AI' 'LLM' 등의 용어를 활용해 투자를 유치하는 행위 등이 이에 해당한다. 미국 증권거래위원회는 이런 사안을 특히 민감하게 감시하고 처벌한다.

미국증권거래위원회는 실제로 2024년 AI 워싱 혐의로 두 곳의 투자자문사를 고발했다. 두 회사 모두 AI 기술을 과장하거나 허위로 마케팅에 활용했다는 혐의를 받았다. 투자회사 델피아Delphia의 경우, 2019년부터 2023년까지 자사 보도자료와 홈페이지에서 'AI를 활용해 데이터를 분석하고, 시장을 예측하며, 빠르게 투자 결정을 내린다'라고 홍보했으나, 실제로는 해당 기간 중 AI 분석 역량이 전혀 없었던 것으로 드러났다. 또, 샌프란시스코에 본사를 둔 글로벌 프레딕션Global Prediction은 '최초의 허가받은 AI 운용사'라는 문구를 웹사이트와 SNS에 게재했으나 역시 허위 광고였다. 두 회사는 각각 22만 5천 달러와 17만 5천 달러의 벌금을 물어야 했다.

AI 워싱은 투자 자문사만의 문제가 아니다. 스타트업이 AI 역량을 허위로 홍보해 투자금을 유치한 뒤 사기로 처벌된 사례도 있다. 2024년 파산한 인사 테크 스타트업 준코Joonko는 AI를 활용해 다양성DEI: Diversity, Equity, Inclusion 목표를 충족할 수 있는 인재를 추천할 수 있다며 약 2,700만 달러 투자를 유치했다. 또, 나이키, 엑센추어, 페이팔 등 포춘500 기업 100여 곳과 계약 중이며, 10만 명 이상의 후보자를 컨택했다고 홍보했지만, 조사 결과 모두 거짓으로 드러났다. 미국 법무부는 준코의 CEO 일릿 라즈를 증권 사기 혐의로 형사 고발했으며, 해당 혐의로 최대 20년의 징역형이 가능하다고 밝혔다. 준코는 2024년 파산했다.

기업들이 AI 워싱을 하는 이유는 단순하다. 돈이 되기 때문이다. 포브스에 따르면 AI를 언급한 스타트업은 그러지 않은 스타트업보다 적게는 15%, 많게는 50%까지 투자를 더 유치했다. 영국에 본사를 둔 테크 회사 투자 펀드인 오픈오션에 따르면 AI 사용을 언급하는 기술 스타트업은 2022년 10%, 2023년에는 25% 이상, 2024년 이후에는 30% 이상으로 증가했다. 창업자들은 투자를 받을 때 AI를 언급하지 않으면 불리해질 수 있다고 생각해 AI 역량을 과장한다. AI 역량을 주장하는 기업과 실질적인 AI 기업 사이에는 상당한 간극이 있는 것이 현실이다.

AI는 현재 시장에서 기술이자 마케팅 수단이며, 동시에 규제 대상이기도 하다. 투자자는 진짜 AI와 '말뿐인 AI'를 구분할 수 있는 눈을 가져야 한다. 또, 기업가, 스타트업 창업자들은 AI 트렌드를 이용한 과장 광고가 치명적인 결과로 이어질 수 있음을 명심해야 한다.

알고리즘 전쟁과
시장의 편향성

2024년 9월, 이스라엘 증권국 ISA 은 AI 스타트업 브리지와이즈 Bridgewise 의 주식 추천 챗봇 출시를 공식 승인했다. 이에 따라 브리지와이즈는 이스라엘 최대 은행 중 하나인 이스라엘디스카운트은행과 제휴해 고객에게 직접 주식 추천 서비스를 제공할 수 있게 되었다. 이는 전 세계 최초로, 금융 당국이 AI 기반 투자 추천을 허용한 사례로 시장의 이목을 끌었다.

여전히 미국 등 주요 시장에서는 여전히 AI의 투자 자문 기능에 대해 신중한 입장이 우세하다. 미국증권거래위원회 겐슬러 의장은 AI 투자가 시장 집중 매매 concentrated trading 를 촉진할 수 있다는 점을 우려한다. 모든 시장 참여자가 같은 AI 모델, 같은 알고리즘, 같은 데이터를 기반으로 투자 판단을 내린다면 시장 매매가 한 방향으로 쏠리는 군집 행동이 발생해 새로운 유형의 금융위기가 일어날 수 있다는 이야기다.

기존에도 여론에 따른 군집 매수와 동조적 매도는 흔히 있었지만, AI 기술의 속도와 확산력은 이를 훨씬 더 강하게 증폭시킬 게 분명하다. 특히 AI 환각 문제가 해결되지 않은 상황에서 잘못된 정보가 투자자들 사이에 빠르게 확산할 경우, 시장 전체가 왜곡된 정보에 반응할 가능성도 있다.

AI 주도 매매가 시장 교란과 급락을 초래할 수 있다는 우려는 이미 고빈도 트레이딩 시대부터 존재해왔다. 2010년 다우존스가 몇 분 만에 1,000포인트 가까이 폭락한 '플래시 크래시 Flash Crash'가 예시다. 그 이후 15년간 알고리즘 리스크에 대한 논의는 꾸준히 이어져 왔지만, 현재의 AI 트레이딩은 당시와는 비교도 안 될 정도로 강력하고 복잡해졌다.

기존의 룰 기반 알고리즘보다 AI는 훨씬 더 복잡하고 자율적이며, 데이터로부터 전략을 창조적으로 학습하고 진화한다. 고빈도 트레이딩 시대의 경쟁이 속도와 주문량의 싸움이었다면, AI 기반 알고리즘 경쟁은 의사결정 구조와 학습 메커니즘의 전쟁이다. 충격의 규모나 양상이 이전과는 다를 수밖에 없다.

2023년 발표된 한 연구는 생성형 AI가 강화학습을 통해 수익 극대화를 추구하면서 서로 다른 AI 알고리즘들이 시장에서 암묵적 연합 구조(카르텔)를 형성하는 가능성을 언급했다. 이들 AI 카르텔은 의도적으로 가격을 담합하고 왜곡해 손실을 유도한 뒤 되사들이거나, 반대 알고리즘들을 낚기 위해 허위신고를 발생시키는 유인매매 전략을 펼칠 수 있다. 갑작스러운 시장 외부 이벤트에 AI들이 동시에 포지션을 철회하면서 시장 붕괴를 초래할 가능성도 있다.

이러한 문제의 핵심은, AI가 금융 시장에서 단순한 도구가 아닌 자기 목표(수익 극대화)를 가진 행위자처럼 작동한다는 점이다.

하나의 지배적인 AI 모델이 다수 금융기관의 매매 전략에 적용되고 시장을 지배하게 되면서 시장 내 다양성은 사라지고 AI가 주도하는 방향으로 시장 전체가 일제히 움직이는 시스템 리스크가 생긴다. 유럽 금융 당국과 국제통화기금IMF도 AI 트레이딩이 금융시장에 미칠 영향과 시스템 리스크 가능성을 공식적으로 경고한 바 있다. 이러한 우려에 대응해 미국은 2023년 이후 강화학습 기반 트레이딩 모델에 대한 사전 신고 의무, 시장조성자에게 예측 가능성과 설명 가능성 확보를 요구하는 규제 도입을 논의하고 있다.

하지만 문제는 AI는 실시간으로 진화하지만, 규제는 그 속도를 따라가지 못한다는 점이다. 현존하는 주문량이나 속도 제한 중심의 고빈도매매 규제는 AI의 자율성이나 진화를 통제하기엔 턱없이 부족하다.

AI 기반
금융 리스크 관리의 그림자

AI는 금융 사기 감지, 고객 신원 확인, 자금 세탁 방지 등 다양한 리스크 관리 업무에 폭넓게 활용되고 있다. AI가 방대한 데이터를 빠르게 분석하고 이상 거래를 감지하는 데 매우 효과적이기 때문에 보이스피싱 탐지, 카드 도난 확인, 의심 거래 차단 등에서 분명한 성과를 보인다. 하지만 설명이 어려운 판단, 데이터의 편향성, 사전 정의된 위험 기준 등으로 인해 오탐지가 늘어나는 것도 사실이다. 정상적인 고개의 거래를 제한하고 계좌를 폐쇄하는 일도 빈번하다. AI가 학습한 데이터가 다양한 고객군을 반영하지 못하거나 거래 특성에 대한 선입견이 모델화될 경우 의도치 않은 역차별적 결과를 낳을 수 있는 것이다.

예를 들어 대형 금융기관은 사기 위험이 높은 고객을 '고위험군'으로 자동 분류하고 계좌 접근을 제한하거나 반복적인 신원 확인을 요구하는데, 이 과정에서 이민자·노년층·언어 소외 계층 등이 의도치 않게 피해를 보고 있다. 이민자나 외국인 고객의 빈번한 해외 송금이 비정상 거래로 인식되어 계좌가 정지되거나, 고령자나 비영어권 사용자가 챗봇 응대에 익숙하지 않다는 이유로 불필요한 추가 검증 절차를 반복해서 요구받는 등 사례가 발생하는 것이다. 이는 AI가 학습하는 데이터 자체가 주로 영어권·선진국에서 발생하고, 탐지 기준 또한 '국외 IP' '불규칙한 입출금' 등 일반화된 룰 기반 규칙으로 구성되어 있기 때문이다. 결과적으로, 보안을 강화하겠다는 의도로 도입된 AI 시스템이 취약 고객을 조용히 배제하는 구조로 작동하고 있는 셈이다.

이처럼 AI의 자동화된 판단이 특정 집단에 반복적으로 불리하게 작용할 경우, 단순한 기술적 오류를 넘어 사회적 불균형과 권리 침해로 이어질 수 있다. 특히 누구에게 어떤 기준으로 불이익이 주어졌는지 설명조차 들을 수 없다면, 개인은 자신의 금융 활동에서 실질적인 통제권을 잃게 되는 셈이다.

── · PRACTICE TIPS · ──

AI 신뢰성 확보를 위한
실무자용 체크리스트

1. AI 추천 시스템의 이해상충 방지를 위한 내부 가이드를 마련하라.
   - 실무 팁: 추천 알고리즘 개발 과정에 윤리 담당 인력 참여, 고객 수익률 추천 결과 주기적 모니터링. 알고리즘에 따른 추천 종목과 회사 보유 상품 간 이해관계 충돌 여부 자동 분석 시스템 구축.

2. 'AI 기반'이라는 점을 홍보 시, 구체적 사용 영역과 방법을 명시한다. 'AI 기반 투자 전략'이라는 문구를 사용할 경우 어떤 단계에서, 어떤 데이터를 사용해, 어떤 의사결정에 AI가 관여하는지 명확히 설명할 것.
   - 실무 팁: 마케팅·IR 자료에 AI 기술 적용 범위, 사용 방식 명시, AI 기술을 '사용하지 않음'에도 불구하고 포함된 표현이 있는지 사전 검열.

3. AI 기반 투자 추천 시스템 설계 시, 투자자 중심 원칙을 기술 사양에 내재화하여 AI가 추천하는 포트폴리오가 투자자의 성향, 목표, 리스크 허용도에 부합하도록 설계되었는지 점검한다.

- **실무 팁:** 알고리즘 설계 시 고객별 리스크 프로파일 기반 투자 매핑 기준 사전 정의. 투자자 맞춤형 추천의 근거가 되는 피드백 루프 및 성과 리뷰 시스템 도입. 고위험 종목(레버리지, 암호화폐 등) 추천 시 이중 확인 절차 및 사용자 경고 UI 구현.

4. AI 트레이딩 모델의 불투명성과 군집행동 가능성에 대비한 내부 리스크 시나리오를 운영하라.
    - **실무 팁:** AI 트레이딩이 특정 외부 충격에 동시 반응하는 시나리오 정기 테스트, 강화학습 기반 모델 사용 시 학습 과정과 판단 로직 기록 보관(설명가능성 확보). 동일 AI 플랫폼을 활용하는 기관들과의 시장 집중도 점검 및 분산 전략 도입.

5. AI 기반 보안·사기 탐지 시스템에 고객 역차별 방지를 위한 감사 체계를 포함한다.
    - **실무 팁:** 비정형 고객군의 이탈율, 검증 거절률 등 지표별 불균형 여부 정기 분석, 오탐지 발생 시 사례 리포트 및 후속 조치 기록 의무화, 고객의 이의제기 절차를 단순화하고 'AI 아닌 사람과의 상담 선택' 옵션 제공.

샌프란시스코에서 결정되는
AI 저작권의 미래

AI 관련 저작권 소송의 대부분은 미국 캘리포니아 북부의 샌프란시스코 지방법원에서 다루고 있다. 실리콘밸리 한가운데 위치한 이 법원은 언제나 신기술이 등장할 때 지적재산권 분쟁의 최전선이 되어왔다. 빅데이터, 암호화폐, 그리고 이제 생성형 AI까지, 기술 변화의 시작점에서 법적 해석이 바로 이곳에서 이루어진다.

샌프란시스코 지방법원 판사들은 매번 복잡하고 난해한 기술을 기존의 법률 체계 안에서 해석해야 하는 과제를 떠안고 있다. 새로운 기술에 대해 지적재산권을 보호하는 동시에 기술 발전을 저해하지 않고 신기술 개발을 지원해야 하는 실리콘밸리의 경제적 현실도 고려해야 한다. 만약 AI 학습에 사용된 데이터를 저작권 침해로 광범위하게 인정해버리면 실리콘밸리의 AI 생태계가 큰 타격을 입을 수밖에 없다.

그러나 반대로, 창작자의 권리를 무시하고 모든 AI 생성물을 공정 사용으로 허용하게 되면 창작자의 보상과 동기를 해치는 결과를 가져올 수 있다. 창작자가 더 이상 창작 활동을 지속하지 않게 되면 AI가 학습할 수 있는 양질의 원천 데이터 자체가 줄어들고, 장기적으로는 AI 기술 발전의 기반이 약화할 수 있다.

AI 산업의 성장을 보호하면서도 창작자의 권리를 보장하는 것이 균형점을 찾는 것이 실리콘밸리 법원의 오랜 과제다. AI 기술의 지속적인 진화와 창작자의 권리 보호는 서로 대립하는 것이 아니라 공존을 위한 균형점이 필요하다. 샌프란시스코 법원은 지금 그 균형점을 어디에 두어야 하는지를 결정하는 중대한 기로에 서 있다.

AI는 저작권을 소유할 수 있을까

2022년, 미국 콜로라도 주립 박람회 미술 공모전에 참가한 제이슨 앨런은 생성형 AI 툴 미드저니 Midjourney를 활용해 만든 이미지를 출품했다. 놀랍게도, 그가 제출한 〈스페이스 오페라 극장 Théâtre D'opéra Spatial〉은 공모전에서 1등을 차지했다. 앨런은 "수백 번 프롬프트를 조정하며 직접 창작에 개입해 만든 결과이기에 내 작품이다"라고 주장했지만, 여러 예술가와 평론가는 의문을 제기했다. 과연 AI가 만든 이미지를 예술작품으로 인정해도 될까?

이듬해 2023년, 미국 아마존 전자책 코너에는 오픈AI의 GPT-3로 작성한 아동도서와 시집 수백 권이 쏟아졌다. 일부 책은 AI가 썼다는 사실을 밝히지 않아 윤리적 문제를 불러일으키기도 했다. 여러 작가와 출판사들은 '문학 시장의 질을 떨어뜨린다' '진짜 저

제이슨 앨런, 〈스페이스 오페라 극장〉

작자인 인간 작가의 권리를 침해한다'라며 비판했다. 이 논란은 AI가 쓴 글의 법적 보호 여부와 출처 투명성이라는 새로운 쟁점으로 이어졌다.

다시 한번, AI가 만들어낸 글과 그림은 저작권 보호를 받을 수 있을까? 현재까지의 답은 '아니오'에 가깝다. 미국의 경우, 저작권법은 전통적으로 저작권의 소유자는 인간만이 될 수 있다는 원칙을 유지해왔다. 이 원칙은 2018년 이른바 '원숭이 셀피 사건'으로 알려진 나루토 대 슬레이터 Naruto v. Slater 판결에서 다시 한번 확인했다.

사진작가 데이비드 슬레이터는 인도네시아 여행 중 설치한 카

원숭이가 직접 촬영한 셀피(출처: 위키피디아)

메라를 이용해 원숭이가 찍은 셀피를 세상에 공개했고, 그 사진에 대한 저작권 등록을 시도했다. 그러나 법원은 사진을 찍은 주체가 인간이 아닌 원숭이며, 사진이 만들어지는 과정에서 슬레이터의 역할 역시 충분한 창작성이 있다고 보기 어렵다는 이유로 저작권을 인정하지 않았다.

앞선 미드저니 사건에도 비슷한 기준이 적용됐다. 앨런이 600회 이상 프롬프트를 입력해 생성한 이미지에 인간의 창작성이 충분히 개입되었다고 보기 어렵다는 이유로 미국 저작권청이 지작권 등록을 거절한 것이다. 직접 그렸다면 창작이지만 프롬프트를 입력한 행위는 창작으로 보기 어렵다는 판단이었다.

이 결정은 AI를 창작 도구로 적극 활용하던 예술가, 디자이너, 기업들에 큰 충격을 안겼다. AI를 사용했다는 이유만으로 저작권 보호 대상에서 제외한다면 이는 현실과 동떨어진 경직된 해석이라고 비판했다. 비판론자들은 그 옛날 '사진'의 저작권 인정 과정을 예로 든다. 사진 기술이 처음 등장했을 때, 기계를 사용해 만든 이미지는 인간의 창작성이 없다는 이유로 저작권 보호 대상이 아니라고 여겨졌다. 그러나 1884년 미국 대법원에서 사진이 저작권 보호를 받을 수 있는 창작물이라 판결함으로써 상황이 뒤집어졌다. 기계가 창작을 도왔더라도 그 결과물이 인간의 예술적 판단과 선택에 따라 만들어졌다면 저작권 보호가 가능하다고 인정한 것이다.

이 판결은 기술 발전이 저작권의 본질을 훼손해서는 안 된다는 원칙을 세우고, 새로운 창작 방식에 대한 법적 유연성을 보여준 사례로 꼽힌다. 그렇다면 미드저니의 이미지도 마찬가지가 아닐까? 프롬프트를 수백 차례 입력하고 결과물을 수정한 행위는 인간의 창작으로 볼 수 없는가? AI를 직접 다뤄본 사람이라면 '프롬프트를 잘 쓰는 것' 자체가 창작의 핵심이라는 점을 체감할 수 있을 것이다.

비판 여론이 확산하자 2025년 1월 미국 저작권청은 AI 저작권에 대한 새로운 가이드라인을 발표하며 한발 물러섰다. 이제는

AI가 개입했다고 해서 반드시 저작권 등록을 거절하지는 않으며, '창작 과정에 얼마나 충분한 인간의 개입이 있었는가 sufficient human authorship'를 판단 기준으로 삼겠다고 밝힌 것이다. 새 가이드라인에 따르면, AI가 관여한 창작물이 저작권 보호를 받기 위해서는 다음 요건을 충족해야 한다.

> 1) 인간이 창작 과정에 실질적으로 개입했다는 사실을 명확히 입증해야 하며, 그 과정을 저작권 신청서에 구체적으로 기재해야 한다.
> 2) 단순히 프롬프트를 한두 번 입력한 것만으로는 부족하며, AI의 결과물을 인간이 수정하거나 보완한 흔적이 있어야 한다.
> 3) 저작권청은 이제 'AI가 쓰였느냐'보다 '얼마나 인간이 개입했는가'를 중심 기준으로 판단하며, 인간의 창작성이 강조될수록 등록 가능성도 높아진다.

AI 창작물을 활용하는 수많은 창작자는 미드저니 사건의 법적 결과를 주의 깊게 지켜보고 있다. 사진 기술을 저작권법이 포용했던 것처럼, AI 도구를 활용한 창작 역시 결국 법의 보호 아래 포함될 수 있을까? 이는 향후 AI를 이용한 창작의 영역과 저작권법 적용 범위를 재정의하는 분기점이 될 것이다.

특허와
영업 비밀 사이에서

실리콘밸리에서는 수년 전부터 폭발적으로 탄생한 AI 스타트업들이 치열한 기술 경쟁을 벌이고 있다. 이미 AI는 인간의 사고 범위를 넘어서는 능력을 바탕으로, 신물질, 기계, 제조 공정, 의약품, 그리고 디자인까지 창조해내고 있다. 각 기업이 자신들의 기술에 대해 높은 가치를 부여하고 있는 가운데, 스타트업 창업자들과 AI 개발자들이 가장 자주 묻는 질문은 이것이다. "우리 기술에 대한 특허 출원이 필요한가? 필요하다면 언제 하는 것이 좋은가?"

특허 출원과 관련해 마주치는 첫 번째 어려움은, AI는 특허의 발명자가 될 수 없다는 것이다. 앞서 설명한 저작권과 마찬가지로 미국 특허법 역시 특허의 발명자는 반드시 인간이어야 한다고 규정하고 있다. AI를 발명자로 등록한 특허 신청서는 미국 특허청에서 거부한다. 2021년 미국 연방 항소법원도 이에 대해 명확한 입장을 내렸다. 현재까지 미국은 물론 전 세계 나라 대부분에서 같은 입장을 취하고 있다.

그렇다면 인간이 AI를 활용해 만든 발명은 특허 등록을 할 수 있을까? 이것은 가능하다. 미국 특허청의 기본 입장은 저작권청의 원칙과 유사하다. AI를 활용하였더라도 인간이 의미 있는 창작적 기여를 했다면 특허 등록이 가능하다는 것이다. 다만, 특허 신청자는 인간이 어떻게 발명 과정에 실질적이고 창의적인 기여를 했는지 명확히 서술해야 한다. 단순히 프롬프트를 입력하고 결과를 받는 것만으로는 부족하며, AI에게 과제를 제시하고 결과를 이용해 반복적인 실험과 테스트를 수행하거나 해결책을 설계하고 조율하는 데 실질적으로 참여한 경우에만 발명자로서 인정된다.

AI 관련 발명이 마주하는 두 번째 장벽은 특허 적격성 subject matter eligibility이다. 미국 특허법 제101조는 자연산물, 자연현상, 추상적 사고, 수학 공식 등은 특허 보호 대상이 아님을 명시하고 있다. 이는 누구도 자연법칙이나 아이디어를 독점해서는 안 된다는 특허법의 철학을 반영한 원칙이다. 이 원칙은 수많은 소프트웨어 관련 발명의 특허 등록을 가로막는 장애물로 작용해왔다. 특히 2014년 추상적 아이디어를 단순히 컴퓨터로 구현한 것은 특허 대상이 될 수 없다는 판결 이후, 많은 소프트웨어 특허가 무효화되거나 특허 심사를 통과하지 못했다.

AI 기술도 예외가 아니다. 하드웨어 아키텍처와 같이 물리적 요소가 포함된 발명은 비교적 특허 등록이 쉽지만, 알고리즘, 트레이닝 방법, 딥러닝 네트워크 등 소프트웨어 중심의 발명은 특허 등록이 어렵다. 이와 관련해 미국 특허청은 'AI 발명에 대한 가이드라인'을 발표하며 기준을 제시하고 있다.

특허청에 따르면, AI 시스템에 포함된 단순한 수학적 개념이나 인간의 사고방식을 구조화하는 알고리즘은 추상적 아이디어로 간주되어 특허 적격성이 없다. 예를 들어 '사용자의 움직임과 위치를 측정하여 데이터화하는 방식'이나 '설문 응답을 분석해 프로파일을 생성하는 방식'은 특허 대상이 아니다. 수학적 개념이나 인간의 사고, 행동을 서술한 추상적 아이디어일 뿐이기 때문이다.

특허로 인정받기 위해서는 AI 관련 발명이 두 가지 요건을 충족해야 한다. 첫째, 해결하고자 하는 기술적 문제가 명확히 제시되어야 하고, 둘째, 해당 문제에 대한 구체적이고 기술적인 해결책이 기술되어야 한다. 예컨대, 기존에는 자동화할 수 없었던 데이터 프로세스를 동기화 기술을 통해 자동화했다거나, 신호 지연을 줄이는 방법을 구현했다면 이는 특허 적격성이 있는 발명으로 볼 수 있다. AI 관련 발명이 해결한 '기술적 문제'와 그 '기술적 효과'가 명확하고 구체적으로 서술되어야 추상적 사고의 장벽을 넘을 수 있다.

AI는 어디서 배웠는가
: 공정 사용과 저작권

2023년 말, 〈뉴욕타임스〉는 오픈AI를 상대로 대규모 저작권 침해 소송을 제기했다. 자사의 유료 기사, 사진, 칼럼들이 동의 없이 챗GPT의 학습에 사용되었다는 점을 문제 삼은 것이다. 〈뉴욕타임스〉 말고도 미국작가협회, 음악 산업 단체, 언론사, 코드 공유 커뮤니티까지 다양한 저작권자들이 챗GPT, 클로드, 코파일럿^{Co-Pilot}, 바드^{Bard} 등 생성형 AI 모델의 학습 데이터를 문제 삼으며 줄줄이 저작권 소송에 나섰다.

주인이 있는 콘텐츠를 AI 학습에 사용했다면 법적 책임은 누구에게 있을까? AI 개발자들은 학습용 데이터가 웹에 공개된 자료를 모은 것일 뿐이라 주장하지만, 저작권자들은 동의 없는 사용이 저작권 침해라 주장한다. 이런 사례는 AI의 공개 자료 학습이 저작권 침해인지, 아니면 공정 사용(저작물을 저작권자의 허가를 구하지 않고 비상업적 용도 등으로 제한적으로 이용할 수 있도록 허용)에 해당하는지 근본적인 질문을 던진다. AI가 문장 수십억 개, 이미지 수천만 장, 음악 수만 곡을 학습에 활용한 것은 과연 공정한가?

AI 개발자들은 우선, 학습 데이터가 저작권법의 보호 대상이 아니라고 주장한다. 미국을 포함해 전 세계에서 통용되는 저작권법 원칙 중 하나는 '저작권은 표현을 보호하고, 아이디어를 보호하지는 않는다는 것'이다. 저삭물은 반드시 문자, 이미지, 음악 등의 매개로 표현되어야 하며, 표현되지 않은 아이디어는 저작권 보호 내상이 아닌 것이다. 이 논리에 따라 개발자들은 생성형 AI가 학습하는 것이 원작의 문자, 이미지, 음성이 아니라 알고리즘과 코드이기에 저작권 보호의 대상이 아니라고 주장한다. 이에 반대하는 사람들은 학습 데이터가 컴퓨터 코드화되었다고 해서 원저작물을 이용하지 않은 것은 아니라는 반론을 제기한다. 이에 대한 결론은 아직 명확히 내려지지 않았다.

 흥미롭게도 이 문제에 대해 두 명의 법관이 전혀 다른 견해를 보이기도 했다. 2023년 미국 시각 예술가들이 영국의 스타트업 스태빌리티AI Stability AI를 대상으로 집단 소송을 제기했다. 이들은 해당 기업의 이미지 생성 AI인 스테이블디퓨전 Stable Diffusion이 자신들의 작품을 무단으로 사용했다고 주장했다. 이에 따라 2024년 8월 샌프란시스코 지방법원의 윌리엄 오릭 판사는 피고의 기각 신청을 거절하고 소송을 계속 진행할 수 있도록 허용했다. 원고의 주장처럼, 코드·알고리즘화된 저작물을 학습 데이터로 사용하는 것을 저작권 침해로 볼 가능성을 열어놓은 것이다.

 이와 달리, 비슷한 소송을 판결한 빈스 샤브리아 판사는 피고인 메타가 저작권이 있는 도서 정보를 학습에 활용한 것이 저작권 침해라는 원고의 주장을 기각했다. 원고가 메타의 학습 모델에서 구체적으로 어떤 부분이 저작물을 이용했는지 입증하는 데 실패했다고 판결한 것이다. 비슷한 쟁점을 두고도 판사마다 상반된 판단을 내린 점이 흥미롭다.

 AI가 학습 데이터를 사용하는 것과는 별개로, AI가 생성한 결과물 자체가 저작권 침해인지, 아니면 공정 사용에 해당하는지를 두고도 법적 논쟁이 치열하다. 공정 사용은 저작권자의 명시적 허락 없이도 특정한 조건에서 저작물을 사용할 수 있도록 허용한다. 저작권 침해에 대응하는 오랜 방어 전략이다.

미국 저작권법은 공정 사용 여부를 판단할 때 네 가지 기준을 적용한다. 첫째, 사용의 목적과 성격이다. 교육, 비평, 보도, 연구처럼 비영리적이고 변형적인 사용일수록 공정 사용으로 인정받기 쉽다. 둘째, 저작물의 성격이다. 단순한 사실 정보보다 예술성이나 창의성이 높은 저작물일수록 공정 사용의 인정 가능성이 낮다. 셋째, 사용된 분량이다. 전체 저작물 가운데 일부만 사용한 경우 상대적으로 공정 사용으로 인정받기 쉽다. 넷째, 시장에 미치는 영향이다. AI 생성물이 원작과 경쟁하거나 원작의 시장을 대체할 경우, 공정 사용으로 보기 어렵다.

AI 개발자들은 이들 기준을 근거로 공정 사용을 주장한다. 생성형 AI는 원작과는 전혀 다른 방식의 새로운 결과물을 만드는 '변형적이고 독립적인 사용'으로 보아야 하며, 원저작물과 동일한 시장에서 경쟁하지 않는다고 주장한다. 반면, 저작권자들은 AI 생성물이 원작과 시각적으로 매우 유사하며, 실제로 원작의 시장을 침해하고 있다고 반박한다.

AI 개발자들은 공정 사용을 주장할 때 구글 대 오라클 소송(2021)을 자주 인용한다. 미 대법원은 오라클의 제품인 자비의 구조를 구글이 안드로이드 시스템에 사용한 것이 공정 사용에 해당한다고 판결했다. 구글이 구조적, 기능적인 코드의 일부를 사용한 것이 변형적 목적에 해당하고, 시장에 미치는 영향이 미미하다고 보았기 때문이다.

반면, 앤디 워홀 재단 대 골드스미스 사건(2023)에서는 공정 사용이 인정되지 않았다. 이는 유명 작가 앤디 워홀이 가수 프린스의 사진을 기반으로 제작한 그림이 원작 사진과 지나치게 유사하고 상업적 목적이 강하며 시장 대체 가능성도 높다는 이유에서다. 비록 생성형 AI와 직접 관련된 판례는 아니지만, 시각적 유사성을 근거로 공정 사용을 부정했다는 점에서 AI 저작권 분쟁에서도 자주 인용된다.

2025년 현재, 미국 법원은 생성형 AI가 만들어낸 결과물에 대한 공정 사용 여부에 대해 아직 명확한 판단을 내리지 않고 있다. 수십 건의 관련 소송이 진행 중이지만, 법원은 각 사건의 다양한 쟁점에 대해 판단을 내리면서도 공정 사용에 대한 결론은 유보하고 있는 상황이다. 비록 아직 판례는 없지만, 생성 AI의 공정 사용 판단의 핵심은 시장 가치 훼손 여부와 원작과 AI 생성물의 직접적 경쟁 관계로 점점 좁혀지고 있다. AI 생성물이 원작과 직접적으로 경쟁해 원작의 시장 가치를 파괴하면 공정 사용이 아닌 저작권 침해라는 관점이다.

앞으로 법원이 AI 생성물에 대해 어느 수준까지 공정 사용을 인정할 것인지에 따라 콘텐츠 산업과 생성형 AI 산업 전체의 미래가 좌우될 수 있다. 현재 진행 중인 주요 소송의 판단 결과는 단순한 법적 판례를 넘어 AI 학습과 생성 전반에 걸친 규범 형성의 기준점이 될 가능성이 크다.

공개된 데이터 사용은
불법이 아니다?

인공지능 기술의 발전은 대규모 데이터 확보와 처리 능력에 크게 의존한다. 이 과정에서 자주 사용되는 방식 중 하나가 바로 데이터 스크래핑 또는 웹 크롤링이다. 이는 웹사이트 등 온라인 공간에 공개된 정보를 자동화된 프로그램을 통해 수집·분석하는 방식으로, 많은 인공지능 모델이 학습 초기에 이를 통해 데이터셋을 구축한다.

자연어 처리, 이미지 인식, 추천 시스템 등 다양한 인공지능 분야에서 수많은 뉴스 기사, 사용자 리뷰, 소셜 미디어 게시물, 공개된 프로필 정보 등이 스크래핑의 대상이 되고 있다. 챗GPT 역시 공개된 웹 데이터를 기반으로 초기 학습을 수행한 것으로 알려져 있다.

그러나 이 같은 자동화된 데이터 수집 방식은 저작권법 외에도 계약법이나 컴퓨터 사기 및 남용 방지법 등 다양한 법적 쟁점과 충돌할 수 있다. 기술적으로는 간단해 보여도 법적으로는 합법성과 위법성 사이의 경계가 불분명한 회색지대에 놓여있는 셈이다.

2022년 4월, 미국 제9순회항소법원은 샌프란시스코 기반 스타트업 하이큐랩스 HiQ Labs의 링크드인 데이터 자동 스크래핑 행위가 컴퓨터 사기 및 남용 방지법 위반에 해당하지 않는다고 판결했다. 인터넷상에 공개되어 누구나 접근 가능한 데이터를 자동으로 수집하는 것은 무단사용이 아닌, 합법적인 사용이라는 판단이었다.

링크드인은 세계 최대의 비즈니스 중심 소셜네트워크 플랫폼으로 사용자들은 프로필, 이력, 경력 등을 등록하고 이를 통해 채용 기회를 찾는다. 실리콘밸리에서도 새로운 사람을 만나면 링크드인 프로필을 주고받고, 이후 개인 연락처를 공유하거나 커피챗 등의 후속 미팅을 약속하는 경우가 흔하다. 네트워킹, 채용, 사교 등 다양한 용도로 활용되는 이 플랫폼은 2016년 마이크로소프트에 인수됐다.

링크드인 사용자들은 자신의 프로필 정보를 '공개'로 설정할 수 있으며, 이 경우 로그인 없이도 누구나 해당 정보에 접근할 수 있다. 가령, 구글 검색을 통해서도 링크드인 사용자 프로필 접근은 가능하다. 링크드인은 이러한 공개 설정을 통해 플랫폼 확장을 유도하는 한편, 이 데이터를 자사 채용 솔루션과 인재 분석 서비스의 핵심 자산으로 삼고 있다. 외부 기업이 링크드인의 데이터를 수집해 활용하는 것을 당연히 견제할 수밖에 없다.

하이큐랩스는 인사 분야에 특화된 AI 기술과 분석을 서비스를 제공하는 회사다. 예를 들어, '키퍼Keeper' 서비스는 이직 가능성이 높은 직원을 예측해 인사담당자에게 알리고, '스킬 매퍼Skill Mapper' 서비스는 직원 프로필을 분석해 보유 기술과 내부 인재 역량을 추적한다. 문제는 이 서비스들을 구현하기 위해 하이큐랩스는 링크드인에서 공개된 사용자 프로필을 크롤링해 이직 내역과 기술 키워드를 분석했다는 것이다.

하이큐랩스의 데이터 스크래핑을 인지한 링크드인은 하이큐의 플랫폼 접속을 제한하고 데이터 수집 중단을 요구하는 경고 서한을 보냈다. 그러나 링크드인의 데이터 없이는 사업을 지속할 수 없었던 하이큐랩스는 오히려 링크드인을 독점금지법 위반으로 먼저 연방법원에 제소했다. 하이큐랩스는 자신들이 수집한 데이터는 공개 정보이며, 링크드인이 이를 독점하려는 것은 부당한 시장 지배력 행사이자 자사의 생존을 위협하는 행위라고 주장했다. 이에 대응해 링크드인은 하이큐랩스를 상대로 컴퓨터 사기 및 남용 방지법 위반, 웹사이트 이용계약 위반 등을 근거로 맞소송을 제기했다.

이 사건은 수차례 법원의 판단을 거치게 된다. 2017년 1심 법원은 하이큐랩스의 주장을 받아들여 링크드인이 하이큐랩스의 플랫폼 접근을 제한을 풀 것을 지시했다. 이후 링크드인이 항소했지만 항소법원은 1심과 동일한 판단을 내렸다. 링크드인은 이에 굴하시 않고 미국 대법원에 상고했고 마침내 대법원은 항소법원의 판단을 취소하고 재심을 요구했다. 다시 환송된 사건에서 항소법원은 기존 입장을 재확인하며 하이큐의 데이터 수집이 컴퓨터 사기 및 남용 방지법 위반에 해당하지 않는다는 결론을 명시했다. 결국 2023년 양측은 비공개 합의를 통해 분쟁을 종결했다.

이 사건은 미국뿐 아니라 전 세계적으로 주목을 받았다. 인공지능 기술의 데이터 확보 방식에 관한 판례적 기준을 제시한 첫 사례였기 때문이다. 예컨대 한국에서도 유사한 쟁점이 있었다. 2022년, 네이버는 부동산 중개 플랫폼 '다윈중개'를 상대로 자사 매물 정보를 무단으로 사용했다며 소송을 제기했다. 서울중앙지방법원은 2024년 네이버의 손을 들어 배상 판결을 내렸고, 2025년 현재 항소심이 진행 중이다.

그동안 링크드인을 포함한 플랫폼들은 '공개된 정보도 플랫폼 소유자의 허락 없이 수집하면 위법'이라는 입장을 견지해왔다. 결국 하이큐랩스의 손을 들어준 항소심의 판결은, 링크드인과 같은 데이터 소유주의 공개 데이터에 대한 독점적 통제에 반론을 제기하고, 인공지능, 데이터 기술 기업들의 공개 데이터 수집과 사용에 대한 법적 리스크를 일부 완화했다는 데 의미가 있다.

다만 이 판례가 의미를 갖는 범위는 제한적이다. 이번 사건은 컴퓨터 사기 및 남용 방지법 적용 여부에 관한 판단에 국한되었고, 또 하나의 핵심 쟁점이었던 하이큐의 데이터 사용이 링크드인의 웹사이트 이용약관을 위반했는가에 대해서는 판단을 미뤘다.

웹사이트 약관과 동의,
어디까지 계약일까

링크드인 판례에서 유보된 웹사이트의 이용약관 위반 여부는 여전히 중요한 쟁점으로 남아 있으며, 실제로 다양한 판례가 이를 둘러싸고 상반된 판단을 내려왔다. AI 모델 학습이나 데이터 기반 플랫폼 개발 과정에서 개발자가 웹사이트에 공개된 데이터를 스크래핑해 사용하는 행위는 해당 웹사이트의 이용약관을 위반하는 것일까? 이 질문에 대한 대답은, 궁극적으로 이용자가 그 약관에 '실제로 동의했는가' 그리고 데이터 수집이 '로그인 후' 또는 '로그인 없이' 이루어졌는가에 따라 판단이 갈리고 있다.

대표적인 사례로 2022년 메타가 이스라엘의 광고 분석 플랫폼인 브랜드토털BrandTotal을 상대로 제기한 소송에서, 캘리포니아 북부지방법원은 메타의 이용약관 위반 주장을 받아들였다. 브랜드토털은 페이스북과 인스타그램 계정을 생성해 로그인한 후 사용자 데이터를 수집했는데, 메타의 이용약관에는 자동화된 데이터 수집을 금시하는 조항이 포함되어 있었다.

법원은 브랜드토털이 로그인 과정에서 명시적으로 약관에 동의했으므로 이는 계약 성립으로 간주할 수 있다고 판단했다. 즉, 단순한 웹사이트 방문만으로는 계약이 성립되지 않지만, 로그인을 통한 서비스 접근과 약관 동의는 계약 형성의 요건을 충족한다는 결정이다.

같은 해 항소법원은 버넌 대 프리덤 판결에서 온라인 계약의 성립을 위해서는 단순한 약관 링크 제공만으로는 부족하고, 명시적이고 적극적인 동의가 필요하다는 원칙을 분명히 했다. 이 사건에서 법원은 이용자가 '체크 박스check box'를 통해 명확히 동의 의사를 표시하지 않은 경우, 하단에 이용약관 링크가 있었다는 사실만으로는 계약 성립을 인정할 수 없다고 판단했다.

이 결정에서 법원은 계약 성립을 위한 두 가지 조건을 강조했다. 눈에 띄는 고지conspicuous notice와 명확한 동의 행동manifestation of assent이 있어야 한다는 점이다. 이용자 약관 링크가 웹페이지 하단에 조용히 배치되어 있거나, 사용자가 단순히 스크롤하거나 방문만 했을 경우에는 이 두 가지 요건을 충족했다고 보기 어렵기 때문에, 법적 구속력을 가지는 계약이 성립했다고 볼 수 없다는 것이다.

반대로 계정 생성 과정에서 '동의' 버튼을 사용자가 클릭하거나, API 사용 전에 약관에 클릭박스 등을 통해 '적극적으로 동의'한 경우라면 계약 성립을 인정할 수 있다는 기준을 제시했다. 이 판례는 비록 데이터 스크래핑 사건은 아니지만, 이후 스크래핑과 약관 위반이 문제되는 판결들에 광범위하게 인용되었다.

실제로 버넌 판결 이후 같은 법원에서 메타가 제기한 또 다른 소송에서는 앞선 메타 대 브랜드토털 사건과는 전혀 다른 결론이 나왔다. 2023년 메타는 데이터 수집 및 프록시 서비스 제공업체 브라이트데이터Bright Data를 상대로 소송을 제기했다.

이번에도 핵심 쟁점은 브라이트데이터가 이용약관에 동의하지 않은 상태에서 데이터를 수집했는지 여부였다. 브랜드토털과 달리, 브라이트데이터는 페이스북 계정을 생성하지 않았으며, 로그인 없이 접근 가능한 공개 페이지에서만 데이터를 수집했다고 주장했다.

이에 대해 메타는 로그인 이전 상태에서도 이용약관이 전반적으로 적용된다고 주장했지만, 브라이트데이터는 약관에 동의한 사실이 전혀 없고, 단순한 웹 방문자에 불과하다고 반박했다.

재판을 담당한 에드워드 챈 판사는 브라이트데이터의 주장을 받아들여 소송을 기각했다. 챈 판사는 계약이 성립하려면 명시적이고 구체적인 동의가 있어야 하며, 단순히 약관 링크가 웹사이트 하단에 있다는 이유만으로는 법적 구속력이 있는 계약이 자동으로 성립되지 않는다는 점을 다시 한번 확인했다. 이는 곧 버넌 판례에서 제시된 기준, 즉 눈에 띄는 고지와 명확한 동의 행동을 스크래핑 관련 사건에 직접적으로 적용한 결과라 볼 수 있다.

스크래핑을 막으려면
기술적 '장벽'이 필요하다

인공지능이 수집하는 데이터가 저작권법의 보호를 받는 콘텐츠라면 문제는 한층 더 복잡해진다. 데이터 스크래핑이나 크롤링이 저작권 보호 대상인 콘텐츠를 무단으로 복제할 경우, 단순한 민사적 계약 위반을 넘어 디지털 밀레니엄 저작권법**DMCA: Digital Millennium Copyright Act** 위반으로 형사 책임까지 발생할 수 있기 때문이다.

특히 DMCA는 단순한 무단 복제뿐만 아니라 저작권자가 설정해둔 기술적 보호 조치를 우회하거나 무력화하는 행위도 독립적인 위반 행위로 간주한다. 즉, 저작물을 복제하지 않더라도 접근을 막아둔 장치를 몰래 우회해 들어가기만 해도 법 위반이 되는 것이다. 이와 관련하여 대표적인 사례로는 비록 인공지능 관련 사건은 아니지만 2010년 게임회사 블리자드가 소프트웨어 개발사 MDY인더스트리를 상대로 제기한 소송이 있다.

이 사건에서 블리자드는 MDY가 개발한 '글라이더**Glider**'라는 자동화 프로그램이 자사의 게임 월드 오브 워크래프트에서 접근 제한 시스템을 우회하여 자동 플레이를 가능하게 했다고 주장했다. 법원은 블리자드의 접근 제한 시스템을 DMCA 상의 기술적 보호 조치로 인정하고, 글라이더가 이를 회피했기 때문에 DMCA 위반이 성립한다고 보았다. 이후 법원은 로그인, 암호화, 인증 시스템을 무력화하거나 봇bot, 해킹 툴, 캡처 우회 프로그램 등을 사용할 경우에도 이와 같은 법리를 적용하여 광범위하게 책임을 인정하고 있다.

이러한 법리는 데이터 스크래핑 및 크롤링 사건에도 적용된다. 2016년 쿠폰캐빈 대 세이빙스닷컴 판례가 그 예다. 이 소송에서 원고는 자사 웹사이트에 게시한 쿠폰 콘텐츠를 경쟁사인 피고가 무단으로 스크래핑하여 유사한 서비스를 운영하고 있다고 주장하며, DMCA 위반 및 저작권 침해를 근거로 소송을 제기했다.

법원은 이 사건에서 피고의 책임을 인정하지 않았다. 원고가 적용한 데이터 보호 조치가 DMCA에서 요구하는 기술적 보호 조치의 기준을 충족하지 못했기 때문이다. 쿠폰캐빈은 웹사이트에 자동화된 데이터 수집을 금지하는 약관 조항을 명시하고, 웹 크롤러의 접근을 제한하는 'robots.txt' 파일을 사용하고 있었다. 그러나 법원은 이와 같은 수단은 비강제적인 요청에 불과하며 기술적으로 접근 자체를 차단하는 조치가 아니라고 판단했다. 약관은 계약상의 제약일 뿐 DMCA가 요구하는 기술 보호 장치가 될 수 없다는 결론이었다.

이 판결은 웹사이트 운영자, 즉 저작권자 입장에서 중요한 시사점을 제공한다. 단순한 경고 문구나 약관 조항만으로는 저작권 보호를 주장할 수 없으며 실제로 로그인 절차, 암호화, 인증 등 기술적으로 접근 자체를 차단하는 조치가 마련되어 있어야 한다는 점이다. IP 제한, 보안 토큰, 안티봇 시스템 등도 이에 해당할 수 있다.

한편, 스크래핑 개발자나 인공지능 기업은 수집 대상이 되는 데이터가 저작권 보호 대상인지, 그리고 해당 사이트에 기술적 보호 조치가 적용되어 있는지를 사전에 반드시 확인해야 한다. 특히 기술적 보호 조치를 우회하는 코드를 제작하거나 사용하는 경우 그 자체로 민사 및 형사상 책임 대상이 될 수 있다는 점을 인식해야 한다.

내 정보, AI가 몰래 공부해도 괜찮을까

앞서 본 바와 같이 저작권이 있는 콘텐츠에 대한 AI 학습은 법적 제한을 받을 수 있다. 하지만 문제가 되는 것은 저작물뿐만이 아니다. 최근에는 공개된 정보라 하더라도 AI가 자유롭게 사용할 수 없는 또 다른 영역, 즉 개인 정보 보호와 프라이버시 침해 문제가 새로운 법적 쟁점으로 부상하고 있다.

웹사이트, 블로그, 유튜브 영상, 사용자 리뷰, 고객센터 통화 내용 등은 일반적으로 공개된 정보로 분류되지만, 이러한 정보가 공개되어 있다는 사실이 곧 AI가 학습 데이터로 자유롭게 활용해도 된다는 뜻은 아니다. 미국과 유럽의 개인정보 보호법은 공개 여부와 관계없이 해당 정보가 특정 개인을 식별할 수 있거나, 개인의 발언, 행동, 민감한 내역이 포함된 경우 이를 보호 대상으로 간주한다.

2024년 미국 캘리포니아에서 시작된 바룰리히 대 구글 소송은 AI와 프라이버시 충돌의 대표적인 예다. 앞서 언급하기도 한 이 사건에서 원고 측은, 구글이 자사의 AI 기반 고객 응대 플랫폼을 통해 고객과 상담원 간의 전화 통화를 무단으로 녹취하고, 이를 인공지능 학습에 활용했다며 캘리포니아 사생활 보호법 CIPA 위반을 주장했다.

좀 더 살펴보면, 구글의 고객 응대 플랫폼은 홈디포 등 다양한 고객사에 제공되고 있으며, 소송 원고들은 자신들의 통화 내용이 AI 학습에 사용된다는 고지를 받지 못했고, 이에 대해 명시적으로 동의한 적도 없기 때문에 구글이 사적 대화를 무단으로 수집하고 분석한 행위는 불법 도청 및 감청에 해당한다고 주장했다.

반면 구글 측은 해당 AI 플랫폼이 고객사의 고객 서비스 향상을 위한 기술 도구에 불과하며, 녹음 및 저장 등 데이터 처리 행위는 모두 고객사의 요청에 따라 이뤄지는 것이라고 반박했다. 즉, 구글은 단순한 기술 제공자일 뿐이며 통화 내용을 자사 AI 학습에 활용하거나 자체적으로 보관하지 않는다는 입장이었다.

캘리포니아 주 법은 대화에 포함된 모든 당사자의 동의 없이는 통화 녹음이나 분석을 금지하고 있기 때문에 이 사건의 핵심 쟁점은 결국 다음과 같은 문제로 수렴했다. "AI 학습을 위해 통화 내용이 활용될 수 있다는 충분한 고지가 있었는가?"

이는 단순히 사적 대화를 무단으로 수집·분석한 문제를 넘어서, AI가 개인 정보를 학습 데이터로 활용하는 경우 어떠한 절차적 보호 장치가 요구되는가에 관한 문제를 제기하였다. 인공지능 기술의 확산과 함께, 이런 질문들은 점점 더 중요해지고 있다.

- 공개된 개인 정보라고 하더라도, 이를 AI가 자동으로 분석·학습하는 새로운 목적에 활용할 경우 별도의 동의가 필요한가?
- 이용자가 자신이 제공한 정보가 AI 학습에 사용될 수 있다는 점을 충분히 인지했는가?

이 소송은 현재 진행 중이다. 이와 유사한 프라이버시 관련 집단 소송이 오픈AI, 메타, 줌Zoom 등을 상대로 잇따라 제기되고 있으며 AI 기업들의 데이터 활용 방식 전반에 대해 법적 검토가 본격화하고 있다.

생체정보와 AI, 가장 민감한 데이터의 경고

AI가 활용하는 개인 정보 중에서도 인간의 신체적 특성에 기반한 생체정보는 가장 민감한 데이터다. 지문, 홍채, 안면 구조, 음성, 걸

음걸이, 혈관 이미지, DNA 패턴, 심지어는 타이핑 습관과 마우스 움직임까지 인공지능 시스템이 자동으로 인식·식별·인증에 사용할 수 있는 정보라면 생체정보로 분류될 수 있다.

이러한 생체정보는 단순한 식별을 넘어서 개인의 정체성과 직접 연결되며, 일단 유출되거나 오용될 경우 되돌릴 수 없는 피해를 유발할 수 있다. 단순한 정보가 아니라 개인의 신체를 디지털화한 정체성 그 자체라는 점에서 특별히 보호해야 한다.

이러한 배경에서 가장 대표적인 생체정보 보호법이 바로 미국 일리노이주의 생체정보 보호법 BIPA: Biometric Information Privacy Act 이다. 2008년 제정된 이 법은 생체정보의 수집, 저장, 공유, 파기 전 과정에서 사용자의 사전 서면 동의를 필수 요건으로 정하고 있다. 동의 없이 수집하는 행위는 위법이며, 수집 시에는 반드시 수집 목적과 보관 기간 등을 명확히 고지해야 한다. 또한 위반 시 비의도적 위반은 건당 천 달러, 의도적 또는 중과실 위반은 건당 5천 달러에 달하는 막대한 벌금이 부과된다.

BIPA의 가장 중요한 특징 중 하나는 바로 '사적 권리 private right of action'가 보장된다는 점이다. 이는 피해를 입은 개인이 정부를 거치지 않고, 직접 해당 기업을 상대로 민사소송을 제기할 수 있는 권리를 의미한다. 일반적으로 법률이 위반되었을 경우, 그 법에 사적 권리가 명시되어 있지 않으면 개인은 해당 법을 근거로 소송을 제기할 수 없다.

이런 경우, 처벌이나 시정조치는 검찰이나 감독기관 같은 정부 기관이 나서야만 가능하다. 즉, 정부가 개입하지 않는 이상 피해자는 실질적인 구제를 받기 어려운 구조다. 그러나 BIPA는 이와 달리, "누군가 내 얼굴을 무단으로 수집하거나 지문을 저장한 경우, 내가 직접 그 회사를 상대로 소송을 제기하고, 건당 최대 5천 달러의 손해배상을 청구할 수 있다"라는 권리를 명문화하고 있다. 이 조항은 단순한 권리 보장을 넘어, 집단소송을 가능하게 만드는 핵심 요인이 된다. 수만 명의 이용자가 각각 소액을 청구하더라도, 총합은 기업 입장에서 막대한 법적·재정적 부담으로 작용하게 되는 것이다.

이러한 구조는 실제로 페이스북 생체정보 소송(2020)에서 강력한 결과로 이어졌다. 페이스북은 사용자가 사진을 업로드하면 사진 속 인물을 자동 인식하고, 기존 얼굴 정보와 비교해 태그를 제안하는 기능을 제공하고 있었다. 그러나 페이스북은 이 과정에서 사용자에게 생체정보 수집 및 저장에 대한 사전 고지와 동의를 받지 않았다. 또한 수집된 정보의 보관 기간, 파기 방침에 대해서도 별도의 안내도 하지 않았다.

페이스북은 BIPA가 일리노이주에만 적용되며, 이 기능은 전 세계 사용자에게 제공되는 것이라며 적용을 부인했지만, 법원은 일리노이 주민이 실제로 이 기능을 사용한 점을 근거로 관할권을 인정했다. 최종적으로 페이스북은 6억 5천만 달러(약 9천억 원) 규모의 역사적 집단 소송 합의에 이르게 되었고, 일리노이주 페이스북 사용자 160만 명에게 1인당 약 346달러를 지급하게 되었다. 이 사건을 판결한 캘리포니아 북부지방법원의 제임스 도나토 판사는 이를 "미국 프라이버시 역사상 가장 크고 의미 있는 합의 중 하나"라고 평가했으며, 페이스북은 2021년 11월 공식 성명을 통해, 미국 내에서 이 기능을 전면 중단하고, 약 10억 명의 얼굴 템플릿 데이터를 삭제했다고 발표했다.

또 다른 사례는 앞 장에서 다룬 클리어뷰AI 사건이다. 클리어뷰AI는 공개된 얼굴 이미지를 동의 없이 수집하고, 이를 기반으로 한 AI 얼굴 인식 알고리즘을 개발한 뒤, 그 결과물을 법 집행기관이나 민간 기업에 판매해 큰 파장을 일으켰다. 그 결과 클리어뷰 AI는 미국 전역에서 BIPA 및 기타 프라이버시법 위반 혐의로 집단소송과 형사조사를 동시에 받게 된다. 특히 일리노이주에서는 회사가 현금이 부족하다는 점을 고려해 지분 또는 매출의 일부를 넘기라는 배상안을 제안할 정도로 법원은 생체정보 침해를 가장 중대한 위반 중 하나로 판단했다.

클리어뷰AI 사례는 단순히 법을 위반한 기업에 대한 처벌이 아니라, AI 기술이 어떤 정보를 다룰 때 가장 위험한 결과를 낳는가를 보여주는 경고성 판례로 평가된다. 신체정보는 개인 정보 중에서도 가장 민감하고 가장 강력한 규제의 대상이 될 수밖에 없는 영역이다. 이들은 한번 수집되면 되돌릴 수 없다. AI 시스템에 의해 자동 분석·추적이 가능해질 경우, 이는 감시, 차별, 예측 통제의 도구로 악용될 수 있다.

기술이 사람의 정체성 자체에 접근하는 인공지능 시대에 생체정보는 단순 식별 수단을 넘어 윤리적 통제와 규제의 핵심이 되고 있다. 인공지능 개발자와 기업은 생체정보를 활용하는 설계가 포함될 가능성이 있다면 초기 단계부터 프라이버시 보호 원칙을 염두에 두고, 법률에 명시된 사전 고지, 명시적 동의, 데이터 최소화 원칙을 기술적·법적으로 충실히 반영해야 할 것이다.

AI가 퍼뜨린 거짓말, 누가 책임지나

미국 라디오 토크쇼 진행자 마크 월터스는 어느 날 방송 중 재미 삼아 챗GPT에게 "내가 누구냐?"고 물었다. 황당하게도 AI는 월터스가 어떤 소송에서 사기 및 배임 혐의로 고소당한 피의자라고 답변했다. 문제는, 그런 소송은 존재하지도 않았고 월터스는 전혀 관련이 없다는 점이다. 월터스는 챗GPT가 허위사실을 퍼뜨렸고 이로 인해 명예가 손상되었다며 오픈AI를 상대로 명예훼손 소송을 제기했다.

AI가 실제 존재하지 않거나 사실이 아닌 정보를 사실처럼 말하는 현상, 이를 우리는 환각이라고 부른다. 인간이 거짓말을 하면 법적 책임을 질 수 있다. 그런데 기계가 거짓처럼 들리는 말을 했을 때는 어떻게 되는가? 더욱 복잡한 문제는, 기계는 거짓말을 하려는 의도조차 없다는 점이다. 전통적인 명예훼손 법의 네 가지 요건은 다음과 같다.

1) 제3자에게 정보가 전달되었는가?
2) 그 정보가 허위인가?
3) 허위라는 것을 알고 있었거나 최소한 의심했는가?
4) 그로 인해 실제 피해가 발생했는가?

챗GPT는 월터스가 피고인이라는 허위 정보를 생성해 라디오 방송 중 제3자에게 공개했고, 월터스는 명백히 피해를 입었다고 주장한다. 하지만 핵심 쟁점은 3번이다. AI에게 '허위라는 것을 인지했는가'를 어떻게 물을 수 있는가? 그리고 AI의 의도를 판단할 수 있는가?

오픈AI는 챗GPT는 사람이 아니라서 고의도 없고, 악의도 없으며, 월터스의 프로그램을 듣는 청취자들은 누구나 챗GPT가 가끔 말도 안 되는 소리를 한다는 것을 미리 알고 있었다고 반박한다. 따라서 비록 챗GPT의 발언이 거짓이라도, 청취자가 해당 정보가 거짓이라는 점을 인지했기 때문에 명예가 훼손되지 않았고, 피해도 없었다는 주장이다.

월터스와 같은 피해자들은 기계의 책임을 설사 물을 수 없더라도 회사의 책임을 물을 수 있다고 주장한다. AI가 환각 현상에 의해 거짓말을 한다면 그것을 알고도 방치한 회사의 잘못일 수 있다. AI를 설계, 배포한 사람들은 이 오류에 대해 얼마나 알고 있었고, 얼마나 예방하려고 노력했는가? AI가 책임을 질 수 없다면, 그걸 만든 회사와 개발자는 어느 선까지 책임을 져야 하는가? 기계의 책임을 인간의 관리 책임으로 전환하는 전략이다.

이 문제는 미국만의 이야기가 아니다. 한국에서도 챗GPT가 특정 공인, 연예인, 정치인 등에 대해 사실과 다른 정보를 생성하는 사례가 반복적으로 보고되고 있다. 존재하지 않는 논문 발표 경력, 사망 사실 왜곡, 과거 범죄 이력 날조 등이 그 예다. 아직 피해 당사자가 법적 대응에 나선 사례는 없지만 'AI가 만든 허위 정보에 대해 누가 책임져야 하는가?'라는 문제의식은 빠르게 퍼지고 있다.

2023년 과학기술정보통신부와 방송통신위원회는 생성형 AI의 확산에 따라 허위 정보로 인한 명예훼손 및 범죄 악용 가능성을 공식적으로 경고했다. AI는 형법상 명예훼손죄의 주체는 될 수 없지만, 개발자나 플랫폼 운영자에게 일정한 조건 아래 책임이 전가될 수 있다는 점을 강조하기도 했고, 실명 거론 방지, 학습 데이터 클렌징, 사후 필터링 기술 강화의 필요성도 함께 언급했다.

AI가 만든 거짓 정보로 사람이 피해를 입는 일은 더 이상 드문

일이 아니다. AI에게 책임을 물을 수 없다면 결국 그 책임은 AI를 설계하고 운영한 사람에게 향할 수밖에 없다. AI를 활용하는 기업들은 허위 정보에 대한 신고 접수 및 신속 대응 절차를 마련하고, AI가 생성한 콘텐츠를 외부에 공개하기 전 검토하는 최소한의 확인 절차를 갖추는 것이 중요하다. 이러한 안전장치가 없다면 피해 발생 시 기업의 과실로 해석될 여지가 크기 때문이다.

AI 규제를 위한 현실적 움직임

2022년 이후, 챗GPT를 비롯한 LLM, 생성형 AI, 얼굴 인식 기술 등이 놀라운 속도로 일상에 스며들었다. 그러면서 개인정보 유출, 알고리즘에 의한 차별, 저작권 침해, 명예훼손, 소비자 보호 문제 등이 예상하지 못한 방식으로 발생하고 있다. 앞장에서 살펴본 다양한 사례들은 AI가 일으키는 법적 충돌의 다양한 양상을 보여준다. 이에 따라 AI 기술을 가장 선도적으로 도입하고 있는 미국을 중심으로 규제 정비가 빠르게 추진되고 있다.

특히 개인정보 보호 규제는 AI 기술 전체의 법적 기반을 흔드는 이슈다. 미국 캘리포니아주는 이에 대해 가장 앞서 대응하고 있는 지역이다. 이곳은 소비자 개인정보보호법 **CCPA: California Consumer**

Privacy Act과 캘리포니아 개인정보보호법CPRA: California Privacy Rights Act 두 법안을 통해 실질적 규제의 토대를 마련하고 있다.

이 법안들은 모든 디지털 정보 수집과 사용을 규율하는 포괄적 보호법이지만, AI 기술이 생성하거나 활용하는 개인정보 역시 포함해 생성형 AI와 자동화 시스템도 적용 대상으로 삼고 있다. 구체적으로 CPRA는 다음과 같은 소비자 권리를 명시하고 있다.

- 자신에 대한 개인정보 수집·이용·공유 방식에 대한 고지 및 사본 제공 요청권
- 삭제·수정 요청권
- 개인정보의 판매, 공유, 프로파일링 또는 고위험 자동화 결정(예: 채용, 보험, 학자금 지원 등)에 대한 계약 파기 권리

즉, 소비자는 자신의 개인정보 수집에 대해 사전에 고지를 받을 수 있고, 삭제나 수정을 요청할 수 있으며, 자신의 정보가 인생의 중요한 결정에 사용될 경우 이를 거부할 수 있다. 가령 구직자가 회사 지원 과정에서 자신의 개인정보가 자동화된 AI 모델에 입력되는 것을 거부할 수 있는 것이다.

눈여겨볼 점은 이 법에서 '공개 정보'를 개인정보에서 제외하는 경우가 많다는 것이다. 앞서 다룬 링크드인 소송 사례처럼 웹에 공개된 프로필은 자유롭게 AI 학습에 사용할 수 있다는 논리와 같

은 맥락이다. 이 조항은 AI 개발 기업에 매우 유리하게 작용한다.

이와 달리, 유럽연합의 개인정보보호법인 **GDPR General Data Protection Regulation** 은 공개 정보도 개인정보로 간주한다. 따라서 AI 학습을 위한 공개 데이터 수집에도 엄격한 절차가 요구된다. 미국이 산업 발전과 개인정보 보호 사이의 균형을 찾으려 한다면, 유럽은 개인정보의 완전한 보호에 무게를 둔다고 볼 수 있다.

한국은 아직 미국이나 유럽처럼 AI에 특화된 사생활 보호 규제를 전면적으로 법제화하진 않았지만, 관련 논의와 제도적 시도를 점차 시도하고 있다. 2024년 개정된 개인정보보호법은 AI를 포함한 완전 자동화된 결정에 대해 정보 주체가 설명을 요구하고 이의를 제기할 수 있는 권리를 명시했다. 또, 개인정보보호위원회가 AI 학습을 위한 공개 개인정보 활용 가이드라인을 발표했고, 2026년 시행 예정인 'AI 기본법'은 AI의 책임 있는 AI 활용과 국민 권익 보호를 위한 포괄적인 규제 체계 마련을 목표로 하고 있다.

· PRACTICE TIPS ·

직무 유형별 AI 개인 정보 보호 실무 체크리스트

1. AI 개발자·데이터 엔지니어: 데이터 수집과 모델 학습에 앞서 반드시 확인할 사항들.
   - 공개된 데이터라도 무작정 수집 금지.
   → 공개된 웹페이지라도 저작권 보호 또는 개인 정보 포함 여부를 먼저 필터링.
   → 기술적 보호조치(로그인, 인증, IP 차단 등)를 우회하는 행위 금지.

   - AI 학습 목적이라면 '2차 목적' 고지를 별도로 설계.
   → 데이터 원래 목적(상담 기록, 사용자 리뷰 등)과 학습 목적을 구분해야 함.
   → 학습에 사용하는 경우, 별도 동의 또는 계약 필요.

   - 생체정보 다룰 경우 설계 초기부터 프라이버시 고려.
   → 얼굴·지문·음성 등 사용 시 사전 서면 동의 필요.
   → 데이터 최소화 원칙을 코드·아키텍처에 반영 (예: 비식별화 후 저장).

2. 기업 법무팀·개인정보보호 담당자: 기업의 책임을 줄이기 위한 법적 설계.

· 개인 정보 활용에 대한 고지·동의 프로세스 다층 설계.

→ 일반 약관 외 AI 학습용 처리에 대한 별도 고지 및 체크 박스 동의 필요.

→ B2B 기업의 경우 고객사에 최종 사용자 고지·동의 의무를 계약에 명시.

· 데이터 수집 약관 vs. 기술적 차단 장치 병행 적용.

→ 이용약관만으로는 부족. 실제 기술적 접근을 막는 로그인, 암호화, 인증 절차 등이 있어야 법적 효력.

· BIPA·GDPR 등 지역별 고위험 데이터 규제 숙지.

→ 생체정보, 금융정보, 민감정보 등은 사전 서면 동의 + 처리 제한 기간 + 파기 조건 확인.

→ 유럽 외 기업이라도 EU 데이터 수집 시 GDPR 적용 대상이 될 수 있음.

3. 서비스 운영·B2B 플랫폼 제공 회사: 고객사와 사용자 사이 명확한 책임 분담.
- 고객사 계약서 내 AI 활용·개인 정보 처리 범위 명시.
- → AI 솔루션 제공 시, '최종 사용자에 대한 고지 및 동의 책임은 고객사에 있음' 조항 삽입.
- → 고객사가 통화 녹음, 리뷰 수집 등 1차 수집 주체일 경우 책임 전가 소지 최소화.

- 데이터 사용 목적 변경 시 재동의 체계 마련.
- → 고객 응대 로그, 챗봇 대화 기록을 AI 학습에 사용하는 경우 재동의 필요.
- → UI 상 동의창, 설정 변경 고지, API 활용 시 조건부 전송 등 구현.

- 사용자에게 명확한 권리 보장 절차 구현.
- → 열람·삭제 요청, 처리 중지 요청 등 GDPR·CCPA 기반 메뉴 제공.
- → 요청 로그 및 대응 프로세스 자동화 필요.

4. 콘텐츠 제공자·크리에이터·저작권자: AI에 의한 무단 사용에 대비한 권리 보호 방안.
- 크롤링 방지 태그 및 저작권 고지 삽입.
- → 텍스트, 태그 등으로 AI 크롤링 방지 의사 표현.

→ 'AI 학습에 사용할 수 없음' 등 명시 고지를 페이지 내 삽입.

- 데이터 스크래핑 감지시 플랫폼 사에 삭제 요청 및 데이터 옵트아웃 정책 활용.
→ 오픈AI, 앤트로픽, 구글등 주요 기업의 데이터 삭제 요청 포털 활용.
→ 스크래핑 금지 조건 추가.

- 내 데이터가 학습에 쓰였는지 모니터링.
→ 데이터 사용 추적 툴 활용(GPTZero, AI-content detector 등).
→ 발견 시 대응 로드맵 구비.

5장

실리콘밸리와 트럼프, 그리고 AI

"정책의 흐름이
　AI의 미래를 결정한다."

트럼프 2기 행정부 출범은 미국 AI 정책의 대전환을 의미한다. 바이든 정부가 안전·투명성 중심의 규제 프레임을 강조했다면, 트럼프는 규제 완화와 민간 주도의 혁신 가속화를 선택했다. 이 과정에서 실리콘밸리는 공화당에 더욱 기울었고, 오픈소스 AI 생태계와 스타트업들은 기회의 창을 맞이했다. 그러나 동시에 중국의 딥시크 모델은 저비용·고성능 오픈소스 전략으로 글로벌 판도를 흔들며 미·중 AI 패권 경쟁을 격화시켰다. 이제 경쟁의 무대는 모델 개발을 넘어 반도체, 클라우드, 데이터센터, 시스템 소프트웨어 등 인프라 전쟁으로 이동하고 있다. 한국은 이러한 격랑 속에서 '전략적 공급망 국가'라는 기회와 인재 유출·투자 부족이라는 위기를 동시에 마주한다. 어떻게 극복하고 어떻게 도약할 것인가?

실리콘밸리는 왜
트럼프를 선택했나

2016년 도널드 트럼프가 처음 대통령 선거에 나섰을 때 실리콘밸리는 그를 철저히 외면했다. 기술, 다양성, 이민 우호적인 분위기의 실리콘밸리에서 러스트벨리와 백인 주류사회를 대변하는 트럼프는 절대 대통령이 되어서는 안 되는 사람이었다. 모두의 예상을 깨고 트럼프 대통령 당선이 확정되던 날 페이스북에는 '캐나다 이민 신청 방법'이 주요 검색어 순위에 등장했다. 팀 쿡 애플 CEO는 당일 메시지를 통해 "대선 결과는 다양성과 포용성이라는 우리의 신념을 흔들어 놓지 않을 것"이라고 직원들을 위로해야 했다.

그러나 8년 뒤인 2024년 대선을 앞둔 실리콘밸리의 분위기는 완전히 달라졌다. 빅테크 기업의 CEO들이 공개적으로 민주당을 비판하고 공화당 정책을 지지한 것이다. 테슬라의 일론 머스크는 표현의 자유를 강조하며 민주당의 콘텐츠 규제를 공격했고, 아마존의 제프 베이조스는 바이든 행정부의 반독점 규제와 소송에 대해 노골적으로 반발했다. 그간 민주당에 우호적이었던 빅테크 기업 CEO들 사이에서 '공화당과의 정책적 정렬'이 공공연히 퍼지기 시작한 것이다.

이러한 변화의 배경에는 바이든 정부에 대한 실망감이 크게 작용했다. 바이든 대통령 임기 중 기업공개IPO 시장이 사실상 멈춘 2022~2023년 동안은 실리콘밸리의 침체기였다. 금리 인상과 함께 투자 심리가 얼어붙으며, 2021년 1,035건으로 정점을 찍은 미국 IPO 건수는 2022년 181건, 2023년 154건으로 급감했으며, 총 자금 조달 규모는 2021년에 비해 90% 이상 줄었다. 이는 실리콘밸리 스타트업과 벤처캐피털 생태계에 직접적인 충격을 줬다. 투자와 자금 회수 창구가 막히면서 실리콘밸리의 스타트업들은 고용 축소와 구조조정에 들어갔다. 2022년에만 나스닥 지수가 23% 하락했다.

이런 상황은 트럼프 1기 정부 시절의 경제 호황과 대비되어 더욱 충격적으로 다가왔다. 코로나 사태 이후 기술주 중심 주가 상승으로 나스닥 지수는 당시 사상 최고치를 경신했다. IPO 시장의 활황과 함께 실리콘밸리에서는 한 해에 직원 수천 명이 상장을 통해 백만 달러 이상의 수익을 올리기도 했다. 이러한 비교는 바이든 정부에 대한 실망감을 키웠고, 나아가 민주당의 경제 정책이 기술 생태계에 우호적이지 않다는 인식은 더욱 널리 퍼졌다.

여기에 민주당이 주도하는 반독점 소송, 플랫폼 회사의 책임 강화, 고소득층 증세, 노동 규제 강화 등은 빅테크 기업에 피로감을 안겼다. 특히 미 무역위원회와 미 법무부가 아마존, 애플, 구글 등을 상대로 제기한 반독점 소송은 빅테크 기업 CEO들에게 '기술 혁신에 대한 정치적 공격'으로 비쳤다. 오픈AI 등 신생 기업은 AI 윤리 평가와 보고 의무가 과도하다는 불만을 표출했고, 메타와 트위터는 콘텐츠 검열과 알고리즘 투명성 요구를 표현의 자유 위협이라면서 반발했다.

바이든 정부 시절 수년간 이어진 '반反 AI, 반 기업' 환경은 실리콘밸리 기업들이 민주당 일변도의 정치적 지형에서 벗어나 규제를 유연하게 보는 공화당으로 기우는 움직임을 보였다. 이에 화답해 트럼프는 플랫폼 기업의 콘텐츠 자율성 보장, 법인세 감세, 규제 완화 등 친 기업, 친 성장 메시지를 던졌고, 이 전략은 주효했다. 실리콘밸리가 위치한 산타클라라 카운티에서 트럼프의 득표율은 2016년 20%에서 2020년 25%, 2024년에는 28%까지 상승했다. 여전히 전통적인 민주당 지지 성향은 유지되었지만, 트럼프와 공화당에 대한 지지율이 눈에 띄게 상승한 것이다.

AI를 두고 벌이는
정반대의 정치 실험

2025년 1월 대통령에 취임하자마자 트럼프 대통령은 수백 개의 행정 명령을 통해 바이든 지우기에 나섰다. 이민, 조세, 경제, 규제 등 거의 모든 분야에서 이전 바이든 정부와 정반대의 접근을 택한 것이다.

    AI 정책도 마찬가지다. 바이든 정부는 2023년 10월 〈AI의 안전, 신용을 위한 행정명령〉을 통해, AI 모델의 투명성, 안전성, 인권 보호를 강조하는 규제 중심 프레임을 제시했다. 트럼프 대통령은 취임 직후 행정명령을 통해 바이든 정부의 조치를 '경제의 발목을 잡는 간섭'으로 규정하고 철회 절차에 착수했다.

    정부 주도의 규제와 공공 책임을 우선시하던 바이든 정부와 달리, 트럼프 정부의 예산관리국을 비롯한 정부 부처들은 각 부처의 자율성과 민간 부문 협업을 강조하며 AI 기술 도입 가속화, 감독 축소에 대한 정책을 연이어 발표했다. 바이든 정부의 '신뢰 가능한 AI'와 확연히 차별되는 '혁신 우선, 규제 최소화'를 정책 목표로 명확히 한 것이다.

    이와 같은 트럼프 정부의 규제 완화와 AI 개발 중심 정책은 빠른 상용화와 민간 중심 혁신을 지지하는 실리콘밸리의 기대와 맞닿아 있다. 특히 그동안 과도한 규제 부담으로 지적되었던 오픈소

정책 영역	바이든 행정부 (2021~2024)	트럼프 2기 행정부 (2025~)
기본 접근 방식	규제 우선, 예방 중심(안전·투명성·권리 보호 강조)	탈규제 우선, 개발 중심 (혁신·경쟁력 강조)
주요 행정명령	안전하고 신뢰할 수 있는 AI(2023.10)	규제 완화 및 기술 주도권 강조
연방 정책 철학	중앙집중형 감독, 사전적 규제 프레임	부처 자율형 분산 구조, 강제 규제 철회
기관별 지침	엄격한 이행 시한과 보고 의무	보고 시한 유예, 비용 부담 큰 항목 폐지 검토
윤리·위험 대응 강조	AI 윤리·차별 최소화·프라이버시 보호 중시	윤리 규범 후순위, 혁신 장벽 제거 우선
민간 부문과의 관계	신중한 민간 참여, 공공 책임 우선	민간 주도 실험·도입 적극 장려
AI 채택 촉진 정책	리스크 평가 후 점진적 도입	AI의 빠른 통합 및 획득 추진 지시
글로벌 전략	민주주의 가치 기반 규범 형성 지향	규제 최소화 통한 미국 기술 패권 회복 강조

트럼프와 바이든 정부 AI 정책 비교

스 모델에 대한 규제, 고위험 AI 분류, 알고리즘 투명성 보고 의무 등의 완화에 대한 기대가 크다.

오픈소스 생태계 기반으로 성장해온 실리콘밸리 AI 스타트업들은 학습 데이터 사용 제한, 검증 절차 강화 등이 민첩한 제품 테스트와 개발의 걸림돌이라 주장해왔다. 메타의 라마LLaMA나 스태빌리티AI의 스테이블 디퓨전은 이 같은 구조에서 진화해온 대표 사례다. 또한 코드 공개나 알고리즘 검증은 핵심 IP 침해 소지가 있으며, 고강도 규제가 적용되는 '고위험 결정'의 정의가 확장될 경우 산업 전반에 위축 효과를 불러올 수 있다는 우려도 제기되어 왔다.

트럼프 정부는 이에 호응해 일률적인 사전 규제를 철폐하고, 개발 친화적 AI 정책을 본격적으로 추진하고 있다. 이러한 극단적인 친 AI 정책 기조는 한편으로는 여러 갈등을 낳고 있기도 하다. 가령 2025년 예산 조정 법안에 주 정부의 AI 규제 시행을 향후 10년간 금지하는 조항이 포함됐는데, 이는 캘리포니아와 뉴욕 등에서 추진 중인 AI 규제를 무력화할 수 있는 조치여서 주 정부와 시민단체의 반발을 샀다.

2025년 5월에는 생성형 AI의 데이터 학습의 중요 이슈인 공정 사용과 관련 AI 기술의 저작권 침해 가능성을 경고한 보고서가 공개되자마자 저작권청장이 전격 해임됐다. 발표된 보고서는 AI에 대한 전면적인 규제를 주장하지는 않았지만, AI에 대한 저작권 침해 가능성을 지적했다는 점이 문제가 되었다. 이에 대해 민주당은 트럼프 정부가 자신들의 AI 정책 기조에 저항하거나 비판하는 인사를 제거하는 사상 검증에 나섰다며 강하게 반발했다.

그럼에도 기술의 빠른 상용화를 추구하는 실리콘밸리 기업들은 이러한 규제 완화 분위기를 기회로 보고 있다. 소비자 보호나 신뢰 구축이라는 명분은 장기적 과제일 수 있지만, 지금 이들에게 필요한 것은 자율적 실험과 민간 주도의 속도감 있는 개발이라는 것이 실리콘밸리의 현실적 인식이다.

트럼프 정책의 수혜자는 누구인가

트럼프 정부의 친 AI 정책은 반도체, 클라우드, 헬스케어, 국방 등 다양한 분야의 기업의 성장에 대한 기대감을 높였다. 2025년 1월 트럼프 대통령 취임 직후 발표한 5천억 달러 규모의 AI 인프라 프로젝트 '스타게이트 Stargate'에는 오라클, 오픈AI, 소프트뱅크 등이 참여 의사를 밝혔다. 비록 이어서 바로 터진 중국발 AI 딥시크 쇼크로 기대감은 크게 줄었지만, 다양한 AI 정부 프로젝트가 연이어 발표되었다. AI 데이터 구축 및 클라우드 서비스 분야의 수혜주로는 마이크로소프트, 아마존, 구글 등이 꼽혔고, 국방부와의 AI 프로젝트 발표로 팔란티어도 주목받았다.

2025년 4월 관세 충격으로 하락한 시장 심리를 회복하기 위해 트럼프 행정부는 대규모 AI 투자 유치를 전략적으로 활용하기도 했다. 바로 다음 달 사우디아라비아, 아랍에미리트, 카타르 등을 포함한 중동 순방을 통해 미국과 걸프 국가 사이의 AI 협력 체계를 구축을 발표한 것이다.

트럼프 대통령의 순방에는 엔비디아의 젠슨 황, 오픈AI의 샘 알트먼, AMD의 리사 수, 아마존의 앤디 재시 등 주요 빅테크 기업 리더들이 동행했다. 이들과 중동 국가들 사이에 AI 칩 공급, 데이터 센터 구축, 클라우드 인프라 확장 등에 걸쳐 수십억 달러 규모의 계약이 체결되었다는 소식이 전해졌다.

사우디아라비아의 국부펀드 PIF는 엔비디아의 최신 칩을 도입하고, AMD와는 100억 달러 규모의 AI 인프라 협력을 하기로 약속했다. 아랍에미리트도 미국의 수출 규제 완화에 따라 매년 50만 개의 엔비디아 칩을 수입하기로 했으며, 아부다비에 미국 외 최대 규모의 AI 데이터센터 캠퍼스를 건설하기로 합의했다.

최근 수년간 AI 인프라 개발을 위한 자금을 조달하기 위해 중동을 잇달아 방문해온 테크기업 CEO들에게 트럼프 대통령의 사우디 방문은 절호의 기회였다. 이는 2018년 트럼프 1기 당시 빅테크 기업들이 CEO들이 사우디의 언론인 자말 카슈끄지 살해 사건에 항의하며 '사막의 다보스'로 불린 투자 콘퍼런스를 보이콧했던 것과 대조적인 장면이다.

사우디와의 계약 체결 소식이 전해진 이후, 엔비디아 주가는 트럼프 대통령의 순방 기간 동안 상승했고, 시가총액이 일시적으로 애플을 추월하기도 했다. 여기에 1분기 기업 실적 호조와 인플레이션 안정 소식이 더해지면서, 2025년 5월 미국 주식 시장은 관세 발표로 인한 낙폭을 한 달 만에 완전히 회복하는 데 성공했다.

트럼프 행정부의 규제 완화 기조와 민간 중심 AI 투자 확대는 한국 기업에 상반된 현실을 동시에 일깨운다. 우선은 기회다. 반도체·클라우드·데이터 인프라 등 미국과 중동이 주도하는 AI 공급망 확대는 한국의 소재·부품·AI 솔루션 기업에 새로운 진출 창구가 될 수 있다.

엔비디아, AMD 등 미국 기업들이 중동 및 미국 연방정부와 대규모 AI 인프라 구축 계약을 맺으면서 국내 반도체 소재·부품·장비 기업들도 간접 공급망에 편입될 가능성이 생겼다. 미국 중심의 AI 데이터센터 및 클라우드 수요 급증은 한국의 대형 통신사와 IT 기업의 현지 진출·조달 참여 기회로 이어질 수 있다.

하지만 동시에 압박도 커진다. 미국 내 AI 기업들이 수출 규제 완화와 자본 확충을 바탕으로 대규모 데이터, 연산 자원, 인재를 빠르게 확보하면서 한국 기업과의 기술 격차가 더 벌어질 가능성이 있다. 미국 시장 내 채용 환경 개선과 비자유인 규제 완화는, 한국의 고급 AI 인재들이 실리콘밸리나 중동 R&D 센터로 이탈할 가능성도 키운다.

결국 AI 시대의 지정학은 단순한 기술 경쟁이 아니라, 어느 국가가 더 유연하고 빠르게 규제 환경과 산업 전략을 맞추느냐의 문제로 진화하고 있다. 트럼프의 AI 외교는 이러한 시대정신을 보여주는 또 하나의 사례다.

트럼프 행정부의 AI 중심 재편 전략과 글로벌 기술 블록화가 본격화되는 지금, 한국 역시 '기술 주권'과 '성장 기회'를 동시에 확보하기 위한 전략이 절실하다.

정부 차원에서는 AI 산업정책과 규제 정비의 속도 전환이 요구된다. 트럼프 행정부, 미국의 연방, 주 정부가 그러했듯이 AI 정책 일반법 중심에서 분야별 규제, 데이터 활용, GPU 인프라, 클라우드 접근 등 실물 기반 산업정책으로 전환해 빠른 기술 개발과 확장을 지원해야 한다. 또 미국, 중동 등과 AI 외교 채널을 조기에 구축해 공동펀드 조성하고 AI 인프라 협력 체계 마련하는 등 새로운 전략 외교가 필요하다. 아울러 AI 인재 유출을 차단하고, 복귀를 유인할 수 있는 프로그램도 필요할 것이다.

기업 입장에서는 반도체, 클라우드, AI 응용 소프트웨어 등 분야에서 미국·중동의 AI 프로젝트 하위 공급망에 진입할 수 있도록 보다 세부적인 전략 조정이 필요하다. 예를 들어, 미국 또는 중동 지역에서 입찰 가능한 프로젝트 목록을 주기적으로 모니터링하고, 현지 파트너와의 공동 입찰 컨소시엄 구성을 통해 공급망 진입 가능성을 높이는 것이 한 방법이다. 또한 조달 기준을 충족시키기 위해 현지 인증 취득, ESG 기준 반영, 현지화 설계 등을 개발 초기에 반영하는 전략이 유효하다.

또한 자율주행, 의료 등 고위험 AI 제품의 경우, 미국의 기술 표준과 유럽의 GDPR, CE 인증 등 글로벌 이중 규제에 대응해야 한다. 이를 위해 제품 기획 초기부터 각 국가의 인증 요건을 설계 요구사항에 반영하고, 프로토타입 단계에서 사전 인증 테스트를 병행함으로써 개발 리스크를 낮추고 출시 속도를 높여야 할 것이다.

AI 패권 전쟁의 서막

2025년 1월 공개된 딥시크 R1 모델은 실리콘밸리에 큰 충격을 안겼다. 중국 기업이 불과 500만 달러를 들여 두 달 만에 만든 오픈소스 인공지능이 미국 대형 기업의 LLM 성능에 필적한다는 사실은 충격적이었다. 최신 성능 사용을 위해서는 구독이 필수적이었던 챗GPT 등과 달리 완전히 무료라는 점이 인기를 끌며 공개 당일 애플 앱스토어 다운로드 1위를 기록하기도 했다.

딥시크의 등장은 트럼프 대통령이 취임 직후 야심 차게 발표했던 5천억 달러 규모 AI 인프라 투자 계획인 스타게이트에도 찬물을 끼얹었다. 고성능 AI 칩 사용 대한 회의론이 퍼지며 당일 엔비디아 주식은 17% 급락했다. 금융 시장 관계자들은 그날을 1957년 소련이 세계 최초의 인공위성을 쏘아 올렸던 '스푸트니크 사건'에 비유하기도 했다. 딥시크 사용자들은 상대적으로 낮은 비용으로 개발을 했음에도, 경쟁 모델과 대등한 성능을 보인다며 놀라움을 표현했다.

딥시크가 기존 빅테크 기업의 인공지능과 차별화되는 점은 오픈소스 기반 개발에 있다. '전세계에 오픈소스로 범용인공지능AGI를 제공하겠다'라는 목표를 가진 딥시크는 공개된 AI 관련 소스코드 등을 바탕으로 개발되었으며 개발에 사용된 모델과 논문을 오픈소스로 공개하고 있다. 오픈AI가 정작 이름과는 달리 모든 모델을 폐쇄형으로 서비스하고 있던 것과 비교해, 딥시크가 어떤 의미에서는 진정한 '오픈' AI라는 평가가 나온 이유다.

딥시크의 오픈소스 방식은 비용 절감과 함께 데이터 보안 측면에서도 유리해 의료, 금융 등 보안에 민감한 산업 분업 분야에 적용하기 좋았다. 또한 일부 모듈만 활성화하는 구조를 택해 연산 비용을 크게 줄였으며, 중국 내 저렴한 인프라와 자체 구축한 GPU 클러스터를 활용함으로써 운영 비용도 낮은 편이었다.

이런 장점을 등에 업고 딥시크는 출시하자마자 빠른 속도로 산업계로 확산했다. 중국건설은행CCB은 내부 금융 모델 개발에 R1을 도입했고, 싱가포르의 타이거브로커스도 AI 챗봇에 R1을 통합해 투자 분석과 의사결정 지원을 하겠다고 밝혔다. 홍콩상하이은행HSBC, 스페인의 BBVA 같은 글로벌 금융 기관들 딥시크를 테스트 대상에 포함해 적용 가능성을 적극 탐색했다.

물론 둘러싼 여러 논란도 있었다. 데이터 보안과 개인 정보 유출 등이 문제가 되며 몇 달 후 한국에서는 다운로드 금지 조치가 이뤄지기도 했고, 당초 500만 달러라고 홍보했던 개발 비용도 상당 부분 과장된 것으로 평가됐다. 그럼에도 딥시크와 오픈소스는 실리콘밸리와 미국 중심으로 돌아가던 AI 경쟁 구도를 충분히 흔들어놓았다.

그동안 AI의 보안과 안정성을 강조했던 오픈AI의 샘 알트먼도 오픈소스 전략을 찾아야 한다고 생각한다며 폐쇄형으로 운영해왔던 챗GPT의 공개를 시사했다. 이미 자사 AI 모델 라마를 오픈소스로 개방하고 있던 메타의 마크 저커버그는 딥시크에 대해 "이것은 미국과 중국 사이의 거대한 패권 경쟁이며 모두가 사용하는 오픈소스 모델이 있다면 그것이 미국 모델이기를 바란다"라고 말하기도 했다.

딥시크의 등장과 오픈소스의 인기는 '추론형 AI'의 확산으로 이어졌다. 추론형 AI는 기존의 단답형이나 정보 검색 수준을 넘어 AI가 인터넷과 논문을 탐색, 수많은 정보를 분석하고 종합해 전문가 수준의 답변을 내놓는 기능을 갖고 있다. 기존의 챗GPT가 텍스트로 된 질문을 이해하고 응답하는 분야에 특화됐다면 AGI는 사전 학습한 데이터와 알고리즘에 의존하지 않고도 새로운 문제를 분석하고 해결책을 찾아낼 수 있는 AI다. 원래 추론형 AI는 막대한 양의 데이터 처리를 기반으로 만들어지는 만큼 많은 개발 비용이 들었지만 오픈소스를 통해 저비용, 고성능 모델들이 공개되면서 수익성이 크게 개선되었다는 평가다.

이에 국내 AI 업계에도 추론형 모델 바람이 불었다. 국내 대표 AI 스타트업 업스테이지는 2025년 초 추론형 AI 개발에 착수했고, 네이버 역시 비슷한 시기에 자사 LLM에 대규모 업데이트를 진행하면서 추론능력을 고도화해 사용자가 요청한 작업을 체계적, 종합적으로 수행하는 것을 목표로 했다고 발표했다.

딥시크가 오픈소스, 추론형 AI의 확산을 선도했다는 데는 미국 내에서도 이견이 없다. SAP CEO는 딥시크의 기술이 AI 기술의 비용과 진입 장벽을 낮춤으로써 기업용 AI 서비스의 혁신 가능성을 한 단계 높였다고 평가했다. 엔비디아의 젠슨 황조차 딥시크가 AI 기반 서비스의 개발 비용과 진입 장벽을 낮춘 우수한 추론형 AI 모델이라며, 중국과의 새로운 협력에 대한 의지를 내비쳤다.

딥시크에 대한 기대와 찬사에도 불구하고, 과연 미국과 중국이 AI 분야에서 진정한 협력 관계를 맺을 수 있을지는 여전히 의문으로 남는다. 사실, 현재 상황에서 이들은 협력 관계보다는 치열한 경쟁 관계에 가까워 보인다.

인재 강국 미국 안에 자리한
중국계 인력

딥시크의 부상 이후 미·중의 AI 패권 전쟁은 더욱 치열해졌다. 특히 고급 AI 인재 확보를 둘러싼 양국의 경쟁은 본격적인 쟁탈전 양상을 띠고 있다.

미국은 오랜 기간 AI 인재의 양과 질 측면에서 중국에 확실한 우위를 점하고 있었다. 2024년 기준으로 미국에는 약 8만8천 명의 AI 전문가가 활동중이며 이들은 캘리포니아, 워싱턴, 뉴욕, 매사추세츠, 텍사스에 집중되어 있다. AI 인재들이 가장 많이 근무하는 회사 Top 5에는 본사와 주요 리서치 센터를 실리콘밸리에 둔 아마존, 구글, 메타, 마이크로소프트, 엔비디아가 꼽힌다. 실리콘밸리를 중심으로 견고한 AI 인재풀이 형성되어 있음을 보여준다.

주목할 점은 미국 내 AI 전문가 중 중국 출신 AI 인재의 비중이 매우 높다는 데에 있다. 2022년 기준으로 미국 내 AI 상위 연구자 중 약 40%가 중국 대학에서 학사 학위를 받은 인재들로 구성되어 있다. 이들 중국 출신 인재들은 대부분 학위를 마치고, 대부분 미국 잔류를 선택한다. 미국의 중국 전문 싱크탱크인 마르코폴로가 2024년 말 발표한 연구에 따르면 미국에서 AI를 전공한 대학원생 가운데 80%가 미국에 남는 것으로 드러났다.

이러한 중국계 인재의 미국 잔류는 미국 AI 경쟁력의 핵심 동력으로 작용해왔다. 반면, 이들이 자국으로 돌아갈 경우 중국으로서는 AI 역량 강화에 결정적 전환점이 될 수 있다. 특히, 졸업 후 실리콘밸리 빅테크 기업에서 핵심 AI 개발을 담당한 고급 인재 한두 명의 귀국만으로도 중국 AI 산업계의 판도가 뒤바뀔 수 있다.

중국 정부는 수년 전부터 이들 중국 출신 AI 인재의 귀국을 촉진하기 위해 다각적인 노력을 기울여 왔다. 파격적인 연봉, 연구 자율성 보장, 주택 및 비자 지원 등 다양한 혜택을 제공하고 있으며, 이러한 유인 정책에 불을 지핀 것이 바로 딥시크의 돌풍이다.

AI 인재들에게 중요한 것은 연봉과 지원뿐 아니라 연구의 자율성과 성장 가능성이다. 딥시크의 등장은 실리콘밸리가 간과했던 중국 AI 기술 자립 가능성을 인재들에게 인식시켰다. 중국의 인재풀과 인프라가 이제는 최고의 인재들을 수용하고 성과를 낼 수 있는 환경으로 평가받기 시작한 것이다. 딥시크와 같은 중국산 LLM 모델들이 성과를 내기 시작하면서 중국에서도 괜찮은 프로젝트를 할 수 있고 큰 성공도 가능하다는 기대감이 AI 인재들 사이에 퍼졌다.

여기에 미·중 기술 패권 경쟁의 격화는 중국계 인재들의 자긍심과 애국심을 자극하고 있기도 하다. 중국인들에게 '중국 기술의 자강'이라는 내러티브는 귀국 결정을 내리는 데 심리적 동기 부여가 되고 있으며, 중국 정부는 이를 정책적으로 활용해 인재 유치에 박차를 가하고 있다. 그 결과 딥시크 돌풍 이후 중국계 AI 엔지니어 및 전문가들의 귀국이 서서히 증가하고 있다.

이런 가운데 실리콘밸리의 최고 수준 AI 인재들은 이미 프로 스포츠 선수에 버금가는 몸값을 자랑하고 있다. 2023년부터 구글은 우수 인재에게 최고 수준의 연봉과 함께 최대 천만 달러 규모의 주식 보상 패키지를 제시했다. 불과 2년 뒤인 2025년에는 이들의 보상 패키지가 2천만 달러까지 치솟으며 두 배로 증가했다.

'민간 투자' 대 '자립 자강'

미·중 AI 경쟁은 인재뿐 아니라 투자 영역에서도 두드러진다. 투자 규모에서도 여전히 미국은 우위를 점하고 있다. 2013~2023년 미국의 AI 분야 민간 투자 규모는 3,352억 달러로 같은 기간 중국 내 투자의 3배가 넘는다.

미국은 중국과의 격차를 유지하고 확대하기 위해 국내 역량을 축적하는 한편 중국의 AI 추격 속도를 지연시키는 견제를 강화하고 있다. 2022년부터 백악관이 추진한 '가능한 최대의 격차 as large of a lead as possible'라는 표현에 미국의 목표가 잘 드러나 있다. 미국이 특히 집중하는 분야는 AI 반도체, 설계 자동화 소프트웨어, 군사용 반도체. 트럼프 행정부는 이 부분의 수출 봉쇄를 통해 중국과의 기술 격차를 최대한 벌리려 한다.

이에 맞서는 중국의 전략은 '자립과 자강'이다. 2017년 중국

국무원이 발표한 〈차세대 인공지능 발전 계획〉에는 AI를 핵심 국가 전략으로 삼고, 특히 미국이 수출 통제로 조이는 '목을 조이는 기술' 35개를 선정했다. 국가 역량을 이 부분에 집중하고 독자적인 역량을 강화하겠다는 계획이다. 6년 후인 2023년, 중국 정부는 이들 중 21개 기술에서 자립 역량을 갖췄다고 자체적으로 판단했다.

AI 인재 양성도 중국의 자립 계획의 일부분이다. 미국 이외 다른 국가의 인재를 적극 유치하고, 25만 명의 AI 인재를 중국 내부에서 육성한다는 계획이다. 중국 인재의 본토 양성 계획은 이미 어느 정도 성과를 거둔 것으로 보인다. 2025년 미국 스탠퍼드 후버 연구소가 발표한 〈딥시크 AI 인재 구성과 미국 혁신 전략〉 보고서에 따르면 딥시크 연구진의 89%는 중국 기관과 연계돼 있으며 절반 이상은 해외 교육이나 연구 경험 없이 중국 내에서만 훈련된 것으로 나타났다. 중국에서 훈련받은 인재만 활용해도, 충분히 글로벌 경쟁력이 있는 AI 개발이 가능하다는 이야기다.

인프라 부분에서의 자립도 계획의 일부다. 중국 정부는 30여 개 도시에 데이터센터 건립 등 인프라 확충 계획도 발표했다. 미국의 하드웨어, AI 칩 수출 통제에는 재고 확대, 우회 경로를 통한 수입 등으로 대응하고 있다. 미국 외의 국가들과의 협력도 중요하다. 중국 정부는 특히 유럽과의 공동 연구에 적극적으로 투자하는 모습이다.

AI 생태계의 탈 글로벌화와
지정학적 리스크

미·중 AI 경쟁이 치열하게 전개되며 글로벌 AI 생태계는 미국과 중국을 중심축으로 이원화, 혹은 이를 넘어 지역별, 국가별로 블록화하는 추세다. 미국과 중국의 공동 AI 연구는 갈수록 감소하고 있으며, AI 인재의 미·중 이동도 점차 약해지고 있다. 또, 전 세계 국가 사이의 AI 전쟁이 본격화되며 최상위 AI 인재들이 자국에 머무는 경향도 강해졌다.

이러한 탈글로벌화 현상은 AI 경쟁의 핵심 구성 요소인 컴퓨팅 파워, 인재, 데이터, 인프라 전반에 걸쳐 광범위하게 나타나고 있다. 컴퓨팅 파워의 경우 AI의 모델의 학습과 추론에 필요한 반도체와 이를 운영하는 대규모 데이터센터 인프라를 포함한다. 미국은 한국, 일본, 대만, 네덜란드 등과의 반도체 공급망을 통해 첨단 AI 반도체 기술의 유통망을 장악하고 있으며, 이를 통해 중국의 AI 발전속도를 견제하려 한다.

미국의 반도체 공급망 차단에 맞서 중국은 국산 AI 반도체 개발을 가속화하고, 중간재 우회 수입, 제3국을 통한 조달, 해외 기업 인수 등 다양한 전략을 통해 기술적 자립 및 공급망 다변화를 시도하고 있다. 화웨이, 알리바바, 바이두 등 중국 빅테크 기업들은 자체 AI 칩 개발에 박차를 가하며, 외산 GPU 의존도를 낮추려 노력

중이다.

데이터와 인프라 영역은 중국과 인도처럼 인구가 많은 국가가 상대적으로 우위를 점할 수 있는 분야다. 이들 국가는 방대한 인구를 기반으로 다양한 형태의 데이터를 자연스럽게 축적할 수 있으며, 이는 AI 모델 학습의 핵심 자원이 된다. 특히 중국은 국가 주도의 데이터 수집 및 통합 시스템을 통해 의료, 금융, 행정, 소셜미디어 등 다양한 영역의 데이터를 대규모로 확보하고 있어, 특정 산업군에서는 미국보다 학습 효율성이 높은 AI 모델을 구현할 잠재력을 지니고 있다는 평가도 있다. 인프라 측면에서도 중국은 정부 주도로 수십 개 도시에 AI 특화 데이터센터와 초고속 네트워크 인프라를 빠르게 구축하고 있다.

하지만 이러한 데이터를 실제로 사업화하고 경쟁력 있는 애플리케이션으로 전환하는 데 있어서는 여전히 미국이 앞서 있다는 평가가 많다. 미국은 실리콘밸리를 중심으로 한 민간 혁신 시스템과 사용자 중심 서비스 설계 능력, 글로벌 시장 접근성 측면에서 분명한 우위를 갖고 있다. 즉, 데이터의 '양'에서 중국과 인도가 강점을 가진다면, 이를 '제품'으로 전환하는 기술과 시장 경쟁력에서는 미국이 앞선 셈이다.

그동안 데이터와 인프라 영역은 지정학적 리스크가 상대적으로 낮은 분야로 여겨져 왔으나, 최근 들어 상황이 달라지고 있다. 미국과 중국을 비롯해 여러 나라가 자국민의 개인 정보 보호와 데이터 주권을 강조하며 데이터 국지화를 추진하고 있어 데이터의 국외 이전이나 공동 활용이 점점 어려워지고 있다.

후발주자인 중국이 미국을 따라잡기 위해 취한 또 하나의 전략은 개발도상국과의 협력이다. 중국은 미국의 강력한 견제에도 아프리카, 동남아시아, 중앙아시아, 중남미 등 여러 지역에 화웨이 장비와 함께 AI 솔루션을 수출하는 데 성공했다. 중국 정부는 이들 국가가 디지털 인프라를 구축하고 자국 기술을 채택할 수 있도록 재정 지원, 기술 교육, 인센티브를 제공한다는 계획도 발표했다. 미국의 견제를 이겨내고 거둔 값진 성과이며, 개도국의 AI 전략을 잘 간파한 결과라는 평가다. 중국의 중앙집권적 AI 전략은 권위주의 성향의 개도국 정부들에게 특히 매력적인 옵션이 되고 있다. 이들 국가는 AI 기술을 경제 성장뿐 아니라 정권 안정과 사회 통제 수단으로 활용하려는 현실적 요구가 있으며, 중국의 AI 정책과 프레임워크는 이러한 목적에 정확히 부합한다.

반면 트럼프 행정부는 '미국 우선주의America First' 기조 아래 국내 산업 보호와 자국 기술력 강화에 집중하고 있다. 이런 분위기 속에서 개발도상국과의 협력이나 AI 기술의 국제 확산에는 비교적 소극적인 태도를 보이고 있는데, 이 틈을 중국이 파고들고 있다. 중국은 트럼프 정부의 대외 정책 공백을 기회로 삼아 자국의 AI 영향력을 개발도상국 중심으로 공격적으로 넓혀나가는 중이다.

전략적 유연성과
기술 주권이 필요한 한국

미·중 AI 패권 경쟁은 단순한 기술 리더십 경쟁을 넘어, 데이터, 인재, 인프라, 규제 프레임워크를 둘러싼 총체적 대결로 확산하고 있다. 한국은 이러한 대결의 지정학적, 산업적, 외교적 접점에 위치한 몇 안 되는 국가 중 하나로, 중요한 전략적 선택의 기로에 서 있다.

한국은 글로벌 반도체 공급망에서 핵심적인 위치를 점하고 있으며, AI 소프트웨어와 하드웨어 양 측면 모두에서 기술력을 보유하고 있다. 동시에 미국과의 전략적 동맹, 중국과의 경제적 연계, 그리고 중동·아세안 국가들과의 성장 파트너십을 모두 고려해야 하는 복합적인 외교 환경에 놓여 있기도 하다.

한국은 어떤 길을 택해야 할까? 미국과 중국 사이에서 어느 한쪽을 섣불리 택하기보다는, 전략적 유연성을 유지하며 균형을 모색해야 하는 시점이다. 기술 자립과 국제 협력 사이에서 우리만의 경쟁력을 어떻게 구축할 것인지에 대한 고민이 더욱 중요해지고 있다.

칩 전쟁
: 반도체, 클라우드, 공급망

2025년 초, 메타가 한국 스타트업인 퓨리오사AI 인수를 추진한다는 소식은 실리콘밸리에 신선한 반향을 일으켰다. 퓨리오사AI 측에 메타가 제시한 인수가격은 8억 달러(약 1조 1,730억 원) 수준으로 알려졌다. 비록 인수 협상은 사업 방향, 조직 구성 등에 대한 이견으로 최종 결렬되었지만, 메타 같은 글로벌 빅테크 기업이 한국 AI 반도체 스타트업에 주목했다는 사실 자체가 충분히 상징적이었다.

퓨리오사는 자체개발한 고성능 신경처리장치NPU '워보이War-boy'를 통해 AI 모델의 추론 연산에 최적화된 성능을 입증해왔다. 엔비디아의 독주 속에서 퓨리오사의 기술은 메타의 자체 AI 인프라 구축 계획의 일부였다. 메타는 그동안 고성능 GPU 대부분을 엔비디아로부터 구매하고 있었지만, GPU 1개당 수만 달러에 해당하는 비용과 수급 불안정성은 큰 부담이었다. 퓨리오사의 NPU를 활용해 자체 AI 반도체를 개발하고 엔비디아 의존도를 줄여 AI 인프라에 대한 주도권을 확보한다는 계획이었다.

수년 전부터 메타 이외에도 구글, 아마존 등 여러 빅테크 기업이 자체 AI 반도체 개발에 뛰어들었다. 그 결과 구글은 자체 AI 칩 TPU Tensor Processing Unit를 개발했고, 아마존은 이후 트레이니엄Tranium이라는 맞춤형 AI 가속기 칩 개발을 이어가고 있다. 이처럼 글로벌 기업들이 칩 개발에 몰두하는 이유는 명확하다.

　AI 산업의 주도권을 확보하려면 알고리즘이나 서비스 플랫폼을 넘어서, 칩·전력·데이터센터 등 물리적 인프라에 대한 통제력이 필수적이다. AI는 더 이상 소프트웨어 산업에만 국한되지 않으며, 이제는 칩과 전력, 데이터센터를 중심으로 한 인프라 산업으로 재정의되고 있다.

엔비디아의 독주

오늘날 AI의 성능은 알고리즘보다 칩에 의해 결정된다 해도 무리가 없다. AI 기술은 소프트웨어만으로 완성되지 않는다. AI 모델에서 데이터 센터, 전력, 칩으로 이어지는 공급망 전체가 제대로 작동해야 한다. 이 복잡한 인프라 사슬에서 칩은 출발점이자 병목 지점이다. LLM을 학습시키기 위해서는 수천에서 수만 개의 GPU가 필요한데, 이 핵심 칩을 만드는 회사도, 공급할 수 있는 양도 제한적이다.

　엔비디아는 최근까지도 전 세계 AI 칩 시장을 사실상 독점하고 있으며, 이로 인해 발생하는 병목현상은 AI 개발 속도를 제한하는 요소다. 2024년부터 빅테크 기업들의 자체 칩 개발과 미국과 유럽의 반독점 소송 등으로 엔비디아의 아성이 흔들리고 있다고는

하지만, 여전히 엔비디아의 전 세계 AI 칩 시장 점유율은 80% 이상이다.

엔비디아의 독주가 이어지는 가운데, 그 수혜를 가장 크게 본 기업 중 하나가 SK하이닉스다. AI 반도체 인프라에서 빼놓을 수 없는 요소가 바로 초고속 메모리다. 엔비디아의 H100 같은 고성능 AI 칩이 제 성능을 내기 위해서는, 이를 뒷받침할 고대역폭 메모리가 반드시 필요하다. SK하이닉스는 광대역 메모리 HBM: High Bandwidth Memory 분야에서 독보적인 기술력을 확보해왔다. HBM은 칩 위에 메모리 칩을 수직으로 쌓아 올리는 구조로, 데이터 처리 속도를 획기적으로 높인다.

2024년 하이닉스는 세계 최초로 '12적층 HBM/3E' 양산에 성공하며 엔비디아의 요구사항을 가장 먼저 충족했다. 삼성전자도 HBM/3E 개발에 뛰어들었지만, 전력 소비, 발열 제어, 수율 등에서 안정성을 확보하지 못해 공급 계약 체결이 지연되었다. 엔비디아는 자사 H100 GPU에 탑재할 HBM의 주요 공급처로 SK하이닉스를 선택했고, H100에 탑재되는 HBM3/3E의 대부분은 SK하이닉스 제품이 되었다.

삼성전자가 SK하이닉스에 밀린 것은 SK하이닉스가 먼저 AI용 메모리에 투자하고 고객과 밀착 협업했기 때문이다. 삼성전자는 그동안 DDR 등 범용 D램 시장에 집중하며 고성능·고난이도 특수 메모리 분야의 역량 확보에 상대적으로 소극적이었다. 반면

SK하이닉스는 2016년부터 AI, 서버 시장을 겨냥해 HBM에 전략적 투자를 지속했고, TSMC 및 엔비디아와의 긴밀한 공동 개발을 통해 제품을 실전 환경에 맞게 빠르게 최적화해왔다.

SK하이닉스가 다져온 HBM 경쟁력이 빛을 발한 데에는 6년이 걸렸다. 2022년 말 코로나19 팬데믹의 영향으로 과잉 재고와 경기 침체가 발생하면서 반도체 업계가 불황에 빠져 있을 때였다. 그 무렵 챗GPT의 등장과 함께 AI 시장이 폭발적으로 열리면서 HBM 수요가 급증했다. 엔비디아를 중심으로 AI 칩 붐이 일었고, 당시 HBM을 안정적으로 공급할 수 있는 곳은 SK하이닉스 뿐이었다.

결국, '삼성은 메모리 선두주자, SK하이닉스는 후발주자'라는 반도체 시장의 오랜 인식이 역전된 것이다.

왜 모든 나라가 'AI 반도체 국산화'를 외칠까

SK하이닉스가 세계 최고 수준의 HBM 생산 능력을 보유하고 있지만, 그 핵심 공정의 일부는 대만의 파운드리(반도체 위탁생산) 기업 TSMC에 의존하고 있다. 고성능 AI 칩에 최적화된 HBM 생산에는 TSMC의 첨단 패키징 기술과 10나노, 5나노 이하 초미세공정 역량이 필수적이기 때문이다.

전문가들은 SK하이닉스의 TSMC 협력이 불가피한 선택이라는 점에는 동의하면서도, TSMC에 대한 지나친 의존은 경계해야 한다고 지적한다. TSMC의 생산 차질이 공급망 전체에 영향을 미칠 수 있고, 반도체 경쟁력의 핵심이 외부에 의존하게 되면 기술 독립성 역시 약화할 수 있기 때문이다. 이에 따라 한국 기업들이 힘을 모아 독자적인 반도체 생태계를 구축해야 한다는 목소리가 나온다. 국산화를 통해 수익 구조의 종속을 막고 글로벌 기업들과의 협상력도 강화해야 한다는 주장이다.

이런 AI 반도체 국산화는 전 세계 모든 나라가 박차를 가하고 있다. 미국은 AI 반도체의 국산화를 위한 '칩스법 Chips Act'를 2022년에 제정했다. 미국 정부는 반도체 제조 시설 확대를 위해 인텔, 마이크론, TSMC, 삼성전자 등 주요 기업들이 미국 내에 새로운 반도체 공장을 건설하도록 지원하고 있다.

삼성전자는 칩스법 제정에 맞춰 텍사스주에 370억 달러를 투자해 파운드리 공장을 짓기로 했으며, SK하이닉스도 38억 달러를 들여 인디애나주에 HBM 생산기지 건설을 추진하고 있다. 2024년 바이든 행정부 때 2024년 투자액의 10%가 조금 넘는 47억 달러, 4억 달러를 각각 지급하기로 계약을 마친 상태다.

트럼프 대통령은 칩스법에 다소 부정적인 발언을 하기도 하지만, 미국 내 일자리 창출이라는 정책 목표에 부합하는 칩스법을 선불리 폐지하기는 어려울 것이라는 것이 현지의 예상이다. 또한 트럼프 재임 직후 미국 정부가 첨단 반도체 기술의 중국 수출을 제한하는 수출 통제 조치를 연달아 발표하며 기술 유출을 방지하기 위한 조치를 강화하고 있다. 트럼프 정부가 준비 중인 AI 반도체 수출 통제시스템은 전 세계 국가를 한국, 대만, 일본 등과 같은 동맹국, 일반국, 그리고 중국, 러시아, 북한, 이란 등 우려 국가로 나누고 각 등급에 맞춰 AI 반도체 수출을 통제하는 방식으로 알려졌다. 동맹국에는 무제한으로 칩 수출이 가능하며, 일반 국가는 칩 수출 개수에 제한이 있다. 우려 국가의 칩 수출은 금지된다.

중국은 2015년 '중국 개조 2025' 전략에서 반도체 자립을 국가 핵심 과제로 설정하고, 이후 대규모 투자를 통해, 화웨이와 SMIC 같은 자국 기업들의 AI 칩과 파운드리 기술 개발을 지원해 왔다. 2025년 2월 〈파이낸셜타임스〉 보도에 따르면, 화웨이의 AI 칩의 수율이 40%까지 개선되는 등 미국의 수출 통제 속에서도 자체 생산역량을 꾸준히 확대하는 중이다.

한편, 한때 세계 반도체 시장의 절반을 차지했던 일본은 2021년부터 3.9조 엔(약 270억 달러)를 투자하여 반도체 산업을 부흥시키려는 전략을 추진 중이다. 유럽연합은 2022년 '유럽 반도체법 **European Chips Act**'을 통해 2030년까지 세계 반도체 생산의 20%를 유럽 내에서 달성하겠다는 목표를 세웠다. 이를 위해 430억 유로(약 62조 원) 규모의 투자를 계획하고 ST마이크로일렉트로닉스, 인피니언 등 주요 기업과 협력하여 생산 능력 확대를 추진하고 있다.

이처럼 각국은 AI 반도체를 단순한 산업이 아닌 국가 전략 자산으로 인식하고, 기술 주권 확보와 공급망 안정화를 위해 적극적인 정책을 펼치고 있다. 한국 역시 이러한 글로벌 흐름 속에서 삼성전자와 SK하이닉스의 협력, 그리고 정부의 적극적인 지원을 통해 자립형 반도체 생태계를 구축하는 것이 시급한 과제다.

칩에서 클라우드로
: 연산 주도권의 이동

칩 설계와 제조에서 시작된 AI 산업의 인프라 경쟁은 클라우드 데이터센터로 확장된다. 예를 들어 엔비디아의 H100 칩을 먼저 확보한 기업이 AI의 학습과 추론 속도에서 앞서고, 이를 클라우드로 서비스화해 산업 생태계를 선점하는 식이다. 실제로 AI 모델이 돌아가는 현장인 데이터센터에서 누가 더 많은 칩을 가지고 더 효율적으로 데이터를 센터를 운영하는가가 핵심 경쟁력의 일부인 것이다.

그래서 클라우드는 칩 전쟁의 2차진이지 AI 시장 지배력의 실질적인 기준으로 부상하고 있다. 이런 연산 인프라 경쟁 구도 속에서 아마존웹서비스AWS, 마이크로소프트, 구글 같은 빅테크 기업은 전 세계 데이터센터를 전력, 칩, 네크워크까지 통합한 독립 연산 플랫폼으로 만드려 하고 있으며 한국의 네이버와 카카오도 자체 클라우드를 통해 대응을 모색하고 있다.

AWS는 2025년 한 해 동안 AI 클라우드 서비스를 위한 인프라에 천억 달러 투자를 발표했다. 이 중 상당 부분은 자체 개발한 트레이니엄Trainium 칩을 활용한 '프로젝트 레이너Project Rainer' 데이터센터 구축에 쓰일 예정이며, 미국 AI 스타트업 앤트로픽과의 협력을 통해, 학습-추론 전용 연산 인프라를 완성한다는 계획이다. 구글 또한 AI 성능 강화를 위한 데이터센터와 서버 용량 확장에 약 750억 달러의 투자를 할 계획이며, 자체 AI 칩 TPU를 이용해 구글 클라우드 기반의 대규모 AI 서비스를 강화하고 있다.

현지 전문가들은 아마존의 레이너 프로젝트를 마이크로소프트와 오픈AI가 주도하는 스타게이트 프로젝트에 대한 대응 전략으로 해석하고 있다. 스타게이트는 트럼프 2기 정부의 반도체 국산화 정책의 대표 프로젝트로, 미국의 AI 인프라 구축에 대한 전략적 야심이 담긴 계획이다.

5천억 달러(약 720조 원)에 달하는 자금 조달 가능성에 대한 우려와 테슬라의 일론 머스크의 부정적 발언에도 불구하고, 스타게이트 프로젝트는 트럼프 대통령의 2025년 중동 방문을 계기로 서서히 추진되고 있다.

한국의 네이버와 카카오도 자체 클라우드 인프라를 구축하며 대응을 모색하고 있다. 네이버는 하이퍼 스케일 데이터센터인 '각 세종'을 2023년부터 운영 중이며, 카카오는 2024년 경기도 안산에 첫 자체 데이터센터를 개소한 데 이어, 2025년에는 남양주에 두 번째 AI 데이터센터를 건설할 계획을 발표했다.

한국 기업들의 AI 인프라 투자는 여전히 글로벌 빅테크 기업에 비해 규모 면에서 뒤처진다. AWS나 마이크로소프트가 수조 원 단위의 자본 투입과 함께 칩 개발부터 모델 학습, 응용서비스까지 수직 통합적 구조를 구축해나가고 있다면, 한국 기업의 투자는 클라우드, 검색 등 특정 영역에 집중되어 있다. 한국 기업들의 경우 초대형 데이터센터를 가동하기 위한 안정적인 전력망과 넓은 부지 역시 환경 규제, 주민 반대, 고비용 전력 구조로 인해 설립에 어려움을 겪고 있기도 하다. 그와 함께 AI를 국가의 미래 먹거리로 삼고자 한다면 그 기반이 되는 AI 인프라를 외부에 의존하는 구조에서 벗어나야 한다는 인식도 점점 높아지고 있기도 하다.

AI 인프라에서 우리가 놓치고 있는 것

칩과 클라우드 인프라에 대한 투자가 아무리 크더라도 그것만으로는 AI가 작동하지 않는다. 이 모든 하드웨어를 실제로 '움직이게'

만드는 핵심 기술이 바로 시스템 소프트웨어다. 우리가 일상적으로 사용하는 애플리케이션이나 웹서비스는 화면에 보이는 부분일 뿐이고, 시스템 소프트웨어는 하드웨어와 응용 소프트웨어를 연결하는 보이지 않는 중간 계층에서 작동한다.

시스템 소프트웨어는 운영체제, 드라이버, 컴파일러, 시스템 관리 도구 등을 포함하며, 특히 AI 분야에서는 모델을 훈련하고 배포하며 최적화하는 전체 파이프라인을 구성하고 제어하는 계층을 의미한다. 우리가 흔히 접하는 클라우드 서비스도, 결국은 이러한 시스템 소프트웨어 없이는 돌아갈 수 없다.

엔비디아가 GPU 시장에서 압도적인 점유율을 확보할 수 있었던 가장 큰 이유는 단순한 칩 성능이 아니라 수천 명의 엔지니어가 수년간 구축해온 CUDA라는 시스템 소프트웨어 생태계 덕분이다. 오늘날 CUDA를 대체할 수 있는 수준의 시스템 소프트웨어 생태계를 구축하는 일은 어떤 경쟁자에게도 매우 어려운 과제로 남아 있다. 결국 진짜 경쟁력은 눈에 띄지 않는 이 시스템 계층에 있는 것이다.

따라서 한국이 AI 인프라 경쟁에서 실질적인 존재감을 확보하고자 한다면, 시스템 소프트웨어 분야에 대한 대규모 투자와 생태계 조성이 반드시 필요하다. 전문가들 역시 과거 하드웨어 중심의 성공에 안주해 소프트웨어 산업 육성을 소홀히 한다면 한국은 AI 인프라 전쟁의 핵심을 놓칠 수 있다고 지적한다.

'클라우드 인프라 시스템 소프트웨어'는 단순한 기술이 아니라 수십 년간 미국이 축적해 온 컴퓨터 과학과 시스템 설계의 노하우가 응축된 복합 기술 자산이다. 최근에는 국제 학계와 글로벌 기업에서 활약하는 세계 최고 수준의 한국인 시스템 소프트웨어 전문가들도 점차 늘고 있다. 대부분은 국내 연구 환경의 한계로 인해 미국에 머물고 있지만, 앞서 살펴본 것처럼 제대로 된 인재 유치 정책과 생태계가 갖춰진다면 이들이 한국으로 돌아올 가능성도 그 어느 때보다 높다. 실제로 삼성전자와 SK하이닉스 같은 한국의 주요 전자 기업들도 메모리 중심의 전통에서 벗어나 시스템 반도체와 시스템 소프트웨어 분야에 대한 투자를 확대하고 있다.

여전히 한국이 강세를 보이는 분야는 메모리 반도체다. 삼성전자, SK하이닉스를 중심으로 한국은 전 세계 메모리 시장의 약 60%를 점유하고 있다. 반면 시스템 반도체 시장점유율은 아직 3%대에 머물고 있다. 그러나 이제 한국 대표 기업들이 방향을 전환하고 선봉에 나선 만큼, 정부와 학계의 관심과 전략적 투자가 함께 이루어진다면 시스템 소프트웨어 분야에서도 빠르게 글로벌 경쟁력을 확보할 수 있을 것이라 기대한다.

추격자에서
새로운 허브로

지난 반세기 동안 한국은 반도체와 스마트폰 등 IT 하드웨어 분야에서 세계를 선도해왔다. AI 분야에서도 SK하이닉스는 엔비디아의 HBM 공급 파트너로서 AI 반도체의 핵심 플레이어로 부상했다. 하지만 생성형 AI와 AI 인프라, 시스템 소프트웨어 분야에서 미국과 중국에 비해 다소 뒤처진 것이 사실이다.

미국과 중국이 구축한 AI 생태계는 이제 다른 국가들이 쉽게 따라잡을 수 없는 수준에 이르고 있다. 미국은 민간 주도의 대규모 혁신과 투자, 중국은 정부 주도의 공격적 연구개발을 통해 AI 인프라를 빠르게 확장하고 있다. 그럼에도 여전히 전문가들은 한국이 AI 산업을 주도할 기회가 남아 있다고 본다.

미국은 AI 기술의 대중 수출을 점차 제한하고 있으며, 동남아나 인도와는 달리 한국은 법치, 안보, 인프라 신뢰도가 높은 동맹국이다. 동시에 한국은 탈중국 흐름 속에서, 반도체와 클라우드를 모두 운영할 수 있는 거의 유일한 국가이기도 하다. 미국과 중국처럼 AI 생태계의 표준을 정하고 데이터를 지배하는 'AI 플랫폼 주도국'이 되기는 어려워도, 미·중 AI 패권 경쟁의 교차점에 자리한 '전략적 공급망 국가'로 충분히 성장할 수 있다.

삼성과 SK하이닉스는 AI 반도체 공급망의 중추이고, 네이버와 카카오는 자체 클라우드를 운영하며 하이퍼스케일 AI 연산 인프라를 구축하고 있다. 플랫폼을 주도할 수 없어도, 플랫폼이 돌아가는 기반을 제공하는 인프라 국가로서 전략적 우위를 확보할 수 있다. AI 인프라 시대의 지정학적 거점, 공급망 허브가 된다는 더 현실적인 계획이라 할 수 있다.

다만, 이 기회를 실현하기 위해선 정부의 과감한 규제 개혁과 민간의 대규모 투자가 동시에 필요하다. 대규모 데이터센터 건설을 위한 전력·환경 규제 완화, GPU 등 AI 인프라 지원 정책, 그리고 AI 인재 유치 전략도 뒷받침되어야 한다. 미국의 민간 주도 모델과 중국의 정부 주도 모델을 혼합한 '하이브리드형 전략'도 고민해볼 수 있을 것이다. 즉, 정부가 AI 연구, 인프라, 인재 확보에 자금을 투자하고, 민간과 협력해 초대형 데이터센터와 모델 개발을 추진하는 방식이다.

무엇보다 중요한 건 AI 인재다. 앞에서 다룬 내용처럼 현재 글로벌 최상위 AI 연구 인력은 대부분 미국과 중국에 집중돼 있다. 한국이 AI 경쟁력을 확보하려면, 세계 최고 수준의 인재를 유치할 수 있는 제도와 환경, 그리고 연구와 창업이 연결되는 생태계가 반드시 필요하다.

한국이 가진 또 다른 기회

한국에는 세계적인 가능성을 가진 AI 스타트업들이 이미 등장하고 있다. 퓨리오사AI, 라이너, 리벨리온, 업스테이지, 트웰브랩스, 네오사피언스 등은 뛰어난 기술력과 유연한 실행력을 바탕으로 글로벌 무대에서 경쟁력을 입증하고 있다. 퓨리오사에 대한 메타의 인수 시도는 한국 AI 스타트업이 세계 시장에서 기술력으로 승부할 수 있다는 사실을 증명한 사례다.

그러나 현실적으로 미국 AI 스타트업들과 비교하면 투자금 규모와 자본 접근성에서 제약이 크다. 이를 보완하기 위해선 정부가 기술 개발 보조금, GPU 인프라 지원, 데이터 접근 정책 완화 등 실질적인 정책을 펼쳐야 한다. 단순한 홍보나 행사성 지원이 아니라 '스케일업'을 위한 촘촘한 성장 생태계가 필요하다.

AI 경쟁력은 단일 요소로 결정되지 않는다. 인프라, 모델, 서비스 세 가지 핵심 레이어가 조화를 이뤄야 한다. 인프라는 컴퓨팅 자원, 데이터 저장소, 등을 통해 AI 성능을 뒷받침한다. 모델은 데이터를 학습해 가치를 만들어내는 기술의 핵심이다. 서비스는 사용자를 만나 AI 기술이 상업적, 사회적 가치를 실현하는 단계다. 지금까지 한국 AI 지원 정책은 인프라와 모델을 육성하는 데 초점이 맞춰져 있었으나, 세 가지 핵심 레이어 중 하나라도 부족하면 글로벌 시장에서 AI 경쟁력을 확보하기 어렵다.

한편, 한국이 AI 시장에서 독자적인 존재감을 확보하기 위해서, 알고리즘이나 인프라에서 빅테크 기업들과 정면으로 승부하는 것은 한계가 있다는 시각도 있다. 대신 AI와 한국의 기존 강점을 결합한 'AI+X' 전략이 새로운 기회가 될 수 있다는 관점이다. 여기서 'X'는 한국이 세계적 경쟁력을 갖춘 분야들, 즉 자동차, 반도체, 게임, K-컨텐츠, K-뷰티, K-푸드 등을 의미한다.

이러한 산업 특화형 AI 기업이 한국에서 활발히 등장하지 않는 것은 현재 AI 인프라나 알고리즘 시장 자체가 충분히 크기 때문에 굳이 산업 응용 분야까지 진출할 필요성을 느끼지 못하는 분위기 때문일 수 있다. 반대로, 산업 현장에서는 아직 AI 도입에 대한 명확한 인센티브가 부족하다는 점도 영향을 미칠 것이다. 하지만 이런 간극과 허점은 실리콘밸리 AI 생태계에서도 존재하며, 오히려 이를 기회로 삼아 빅테크 기업이 미처 손대지 못한 산업 분야에서 스타트업들이 활발히 진출하고 있기도 하다.

대표적인 사례가 바로 버티컬 AI Vertical AI, 즉 산업 특화형 AI 솔루션이다. 예를 들어, 의료 영상 판독과 병리 진단을 수행하는 패스Path AI, 판례 검색과 계약서 검토를 자동화하는 하비Harvey AI와 케이스텍스트Casetext, 금융 분야의 대출 심사를 AI로 처리하는 제스트Zest AI, 제조 현장의 품질 검사와 고장 예측을 자동화하는 랜딩Landing AI 등이 있다. 이들은 특정 산업의 니즈에 최적화된 AI를 통해 시장을 공략 중이다.

또한, 최근에는 단순히 명령을 수행하는 수준을 넘어 사용자의 복잡한 요구를 스스로 분해하고 계획을 수립해 연속적으로 실행하는 '에이전틱 AI Agentic AI'도 주목받고 있다. 에이전틱 AI는 사용자의 명령을 하나의 목표로 삼고 이를 여러 하위 단계로 나눈 뒤 자체적으로 실행하며, 결과가 미흡할 경우 스스로 평가하고 개선하는 목표 지향적이고 자율적인 AI다.

이러한 기술은 수동적 명령 수행을 넘어 사람처럼 일을 '맡기고 기다릴 수 있는' AI로 진화하고 있다. 예컨대, 어뎁트AI는 AI가 직접 웹 브라우저와 앱을 열어 검색하고, 데이터를 입력하고, 보고서를 정리하는 등 디지털 작업을 스스로 수행할 수 있게 한다. 데빈 Devin은 AI가 실제로 소프트웨어를 개발하는 에이전트로 주목받고 있다. 이 분야에선 오픈AI, 마이크로소프트, 구글 등 빅테크 기업도 속속 뛰어들고 있지만, 아직 시장 주도자가 명확히 정해지지는 않은 초기 단계다.

아직 한국의 AI 생태계가 이런 다양한 산업 특화형 솔루션이 등장하기에 잘 형성돼 있지는 않다. 따라서 현실적으로는 대기업과 정부가 초기 시장의 불확실성과 리스크를 완화해줄 필요가 있다. 산업별 AI 개발 및 도메인 데이터 지원이나 GPU 등 인프라 제공, 정부 시범 과제 등을 통해 기업들이 산업 현장에 특화된 AI 서비스를 실험하고 정착시킬 수 있는 발판을 마련할 수도 있을 것이다.

특히 한국은 콘텐츠, 제조, 뷰티, 의료, 식품 등 AI 융합이 가능한 산업의 폭이 넓고, 글로벌 시장에서 존재감이 있는 분야도 많기 때문에, 대기업 중심의 범용 AI 개발을 넘어서 상대적으로 작더라도 성장 가능성이 큰 틈새시장을 공략할 기회가 충분하다. 지금이야말로 'AI+X' 전략을 통해 한국형 AI 경쟁력을 키울 때다.

코스피 5,000의 조건

2025년 6월 3일 제21대 대한민국 대통령 선거에서 이재명 후보가 당선되었다. 계엄과 탄핵을 둘러싼 정치적 논란과 양극화 속에서 치른 선거였지만, 개표 결과가 발표되자마자 국내 증시는 안도감 속에 상승했다. 정치적 불확실성이 일단락된 데다 이재명 정부가 공약한 AI 및 첨단 산업에 대한 대규모 투자에 대한 기대감도 상승 요인으로 작용했다.

이재명 대통령은 후보 시절부터 '코스피 5,000'을 공약으로 내세우며 대규모 AI 인프라 투자를 통해 한국을 세계 3대 AI 강국으로 도약시키겠다는 포부를 밝혔다. 아울러 글로벌 공급망 재편과 기술 패권 경쟁이 격화되고 있는 반도체 산업에도 과감한 투자와 세제 지원을 약속했다. 트럼프 대통령과의 통상 협상을 새 정부의 '최대 현안'으로 명시하며, 실용적 조정을 통한 타협의 의지도 강조했다.

집권 초기부터 반시장적, 반미적인 이미지를 불식하기 위해 국민 통합, 경제 회복, 실용 외교를 강조하는 행보는 묘하게 2017년 트럼프 대통령 1기 취임 당시를 떠올리게 한다.

당시 트럼프 대통령은 '백인의 분노'를 자극하는 분열, 네거티브 선거 전략, 막말과 예측 불가능한 언행으로 '망나니' 이미지가 강했지만, 취임 직후에는 법인세 인하, 대규모 인프라 투자, 규제 완화 등 친시장 정책을 내놓으며 뉴욕 증시의 랠리를 이끌었다. 반트럼프 성향이 강했던 실리콘밸리의 투자자들조차 "나는 그와 1초도 대화하고 싶진 않지만, 주가는 올릴 사람"이라는 사실을 인정하게 만들었다.

기대치가 낮았던 만큼 의외의 실용적 행보는 오히려 긍정적인 충격으로 작용했고, 예고된 악재는 시장에 영향을 주지 않은 반면, 예고되지 않았던 호재는 증시를 자극하며 2017년 한 해 동안 미국 증시는 약 20% 상승했다. 코로나19 팬데믹의 악재에도 수년간 이어진 주가 상승과 IPO 시장의 호황은 트럼프 재선을 가능케 한 기반이 되었다.

이재명 대통령 역시 선거 과정에서 제기된 부정적 이미지를 희석하기 위해 AI·반도체 산업에 대한 투자와 주가 부양을 강조하고 있다. 그의 실용주의가 실제 정책으로 구현된다면 오랜 기간 박스권에 갇혀 있던 코스피가 돌파구를 찾을 가능성도 있다. 트럼프의 초기에 그랬던 것처럼 이재명 정부의 AI 투자와 경제 성장, 친미 행보에 대한 시장의 기대치는 낮기 때문에 반전의 여지는 오히려 크다.

대선 당일인 2025년 6월 3일, 실리콘밸리에서는 AI 및 반도체 산업 관계자들이 참석한 행사가 열렸다. 참석자들은 정치 성향을 떠나, 대선 결과가 정치적 불확실성을 해소했다는 점에서 공통된 안도감을 표했다. 특히 이재명 정부가 AI와 반도체에 대한 투자를 본격화할 수 있다는 점에서 새로운 기대가 형성되었다.

'플랫폼 독립국'인가, '애플리케이션 강국'인가

AI 시대의 한국은 어떤 전략을 선택해야 하는가? 미국과 중국의 AI 패권 경쟁 속에서 한국은 독자적인 플랫폼 국가를 지향해야 할까? 아니면 이미 포화 상태에 이른 알고리즘 경쟁을 벗어나, 우수한 애플리케이션을 만들어 수출하는 방향으로 나아가야 할까?

AI 생태계를 이끄는 기업가들과 창업가들 사이에서도 이견은 엇갈린다. 일부는 AI 원천 기술의 중요성을 강조하며, '소버린 AI Sovereign AI' 개념을 주장한다. 비록 우리가 미국이나 중국처럼 플랫폼을 주도하지 못하더라도, AI 생태계를 완전히 외국에 의존해서는 안 된다는 것이다.

이들은 AI 주권을 설명하기 위해 '쌀농사'를 예로 든다. 한국 쌀이 외국산보다 비싸고 비효율적이라 해도 식량 주권을 외국에 전적으로 맡길 수는 없는 것처럼, AI 주권을 지켜내야 한다는 주장이다. AI가 국가 경쟁력의 핵심이 된 시대, 전체 생태계를 미국이나 중국에 의존하는 것은 주권 일부를 내어주는 일과 다르지 않다는 시각이다.

소버린 AI는 단지 기술 독립을 의미하지 않는다. 그것은 자국의 데이터, 인프라, 인재, 비즈니스 네트워크를 활용해, 해당 사회의 역사, 문화, 가치관을 반영할 수 있는 AI를 개발하고 운영할 수 있는 역량을 말한다. 실리콘밸리 AI 전문가들이 자주 언급하는 개념이기도 하다. 독립 국가로서 다른 나라의 질서에 일방적으로 편입되지 않기 위한 전략이다.

반면, 한국은 원래 어플리케이션 개발과 수출에 강점을 가진 나라라는 현실론도 존재한다. 제조, 반도체, 전자산업의 발전은 대개 선도국가의 기술을 빠르게 흡수하고, 그것을 상업화하는 능력에서 비롯되었다. AI 시대라고 해서 이 성공 공식을 굳이 바꿀 필요가 있느냐는 지적도 있다.

한국 정부의 기술 투자에 대한 회의감도 무시할 수 없다. 미국은 천문학적 자본으로, 중국은 정부 주도로 AI에 막대한 투자를 하고 있다. 반면 한국은 자본력도 제한적이고, 법과 절차를 무시하는 중국식 추진력도 없다. 여기에 단기 성과를 중시하는 행정 구조까지 더해져, 원천 기술 투자가 필요한 AI 기술 육성에는 부적합하다는 평가도 나온다.

2025년 6월 초, 실리콘밸리에서는 네이버 이해진 의장의 방문을 계기로 현지 AI 전문가들이 한자리에 모였다. 이 자리는 단순한 기업 설명회를 넘어, 한국 AI의 비전과 방향을 토론하는 장이었다. 빅테크 기업 중심의 글로벌 AI 질서 속에서 한국형 AI는 어떤 길을 택해야 하는가? 지역적 특색과 문화적 맥락을 반영한 한국만의 AI 생태계를 만들기 위해 지금 우리가 해야 할 일은 무엇인가?

이 자리에서 참가자들은 과거 한국 검색 시장의 사례에 주목했다. 구글이 전 세계를 장악했지만, 한국에서는 네이버가 여전히 압도적인 점유율을 유지하고 있다. 이는 단순한 기술력의 문제가 아니라, 한국의 문화와 소비자 특성을 반영한 콘텐츠 생태계와 사용자 경험의 힘이었다.

이러한 경험은 오늘날 AI 시장에도 시사하는 바가 크다. 챗GPT와 엔비디아가 주도하는 글로벌 생태계 속에서도, 한국형 AI가 충분히 경쟁력을 가질 수 있다는 믿음은 근거 없는 낙관이 아니다. 세계 어디에서나 일정한 품질을 제공하는 스타벅스 같은 플랫폼도 필요하지만 모든 이가 스타벅스만을 원하는 것은 아니다. 다양성과 통일성의 균형 속에서 현지의 정서와 요구를 반영한 대안적 AI 서비스가 자리 잡을 공간은 분명 존재한다.

게다가 지금의 한국은 과거와는 비교할 수 없을 만큼 위상이 달라졌다. 10여 년 전만 해도 한국은 '빠른 추격자'로만 여겼지만 이제는 다르다. 강남스타일로 시작된 K-콘텐츠와 K-문화의 세계적 확산, 반도체·게임 산업에서의 기술 경쟁력에서는 미국을 제외하면 사실상 견줄 만한 경쟁자가 없을 정도다.

이러한 기술력과 문화적 자산을 기반으로 구축되는 한국형 AI는 단지 국내 시장을 방어하는 수준을 넘어 글로벌 수출이 가능한 새로운 수출 상품이 될 수 있다. 2025년 네이버가 엔비디아와 협력해 개발한 AI 모델을 태국으로 수출하려는 시도는 그러한 가능성을 보여준다. 네이버는 2024년 사우디아라비아에 이어 태국에도 자체 개발한 대형 언어모델을 수출하며, 'AI 한류'의 가능성에 자신감을 보였다.

테스트베드로서의 한국, 빅테크의 실험실이 된 이유

2025년 5월 말, 오픈AI는 서울 지사 설립 계획을 공식 발표했다. 도쿄와 싱가포르에 이어 아시아에서 세 번째 거점이다. 오픈AI 전략 책임자 제이슨 권은 "한국은 반도체부터 소프트웨어까지 인공지능의 전 과정과 연결된 생태계를 갖춘 국가이며, 모든 세대가

AI를 일상적으로 활용하는 나라"라고 설명했다.

실제로 한국은 챗GPT 유료 구독자 수 기준으로 미국에 이어 세계 2위를 기록하고 있다. 한국 소비자들은 새로운 기술을 가장 빠르게 수용하고, 동시에 불만을 명확하고 신속하게 표현하는 특성이 있다. 트렌드에 민감하고 반응이 빠른 시장 특성은 한국을 글로벌 빅테크 기업들이 선호하는 테스트베드로 만들었다. 명품 브랜드들이 한국을 주요 테스트마켓으로 삼는 이유와 같다. AI 기업들도 예외가 아니다.

이처럼 독특한 소비자 성향과 빠른 기술 수용성, 그리고 로컬라이징된 서비스의 경쟁력은 이미 검색 시장에서 증명된 바 있다. 구글은 세계 최고의 검색 엔진으로 평가받지만, 한국 시장만큼은 장악하지 못했다. 기술적 우수성에도 불구하고, 콘텐츠 생태계 구축과 사용자 경험 최적화에서 네이버에 밀리며 한국 시장 공략에 실패했다.

네이버가 구글을 이긴 것은 검색 알고리즘의 우수성 때문이 아니었다. 한국의 강력한 IT 인프라, 문화적 정서, 소비자 특성을 반영한 콘텐츠 중심의 검색 구조가 핵심이었다. 링크 기반의 웹 탐색 도구였던 구글과 달리 한국 사용자들은 질문에 대해 속시원하고 정리된 정보를 원했다. 네이버 지식인, 카페, 블로그 등 구조화된 답변을 제공하는 네이버가 한국인의 검색 방식과 더 잘 맞았다.

마찬가지로 오픈AI 역시 한국 시장에서의 성공을 장담할 수 없다. 현재 AI 시장의 승부는 더 이상 알고리즘이나 모델의 성능만으로 갈리지 않는다. AI 전문가들은 오늘날의 경쟁은 이미 기술적 정점에 가까워졌고, 앞으로는 누가 더 나은 콘텐츠를 제공하고 더 직관적인 사용자 경험을 설계하느냐의 문제로 넘어가고 있다고 본다. 이는 곧 AI도 '애플리케이션의 전쟁' 단계에 진입했음을 뜻한다. 검색 시장에서 구글이 검색 기능이 부족해서 밀린 것이 아니듯, AI 시장에서도 시장의 주도권은 모델의 성능보다 콘텐츠와 경험 설계 능력에서 갈릴 수 있다.

바로 이러한 특성이 챗GPT 같은 글로벌 범용 LLM이 한국 시장에서 반드시 성공할 것이라는 기대에 의문을 던진다. 한국 소비자들은 기술 수용 속도가 빠른 만큼 더 높은 기대치와 섬세한 문화적 수준을 요구한다. 단순히 한국어를 이해하는 수준을 넘어서 정서와 맥락, 표현의 뉘앙스를 정확히 짚어낼 수 있는 서비스가 아니면 만족시키기 어렵다. 오히려 지금이야말로 한국 시장에 특화된 서비스와 사용자 경험을 바탕으로 한 '한국형 AI'가 경쟁력을 발휘할 수 있는 순간일지도 모른다.

나아가 이런 서비스들은 국내 시장뿐 아니라 문화적 정서가 유사한 동남아시아, 중동 등지로 확장 가능성도 높다. K-팝이 그들에게 통했듯, 한국형 AI도 글로벌 시장에서 통할 수 있다. 네이버 LLM이 태국과 중동을 타깃으로 하는 것은 우연이 아니다.

정답은 하나가 아니다

AI 분야에서 언급되는 개념 중 하나가 바로 NORA^{No One Right Answer}다. '정답은 하나가 아니다'라는 원칙이다. 이는 AI가 단일한 해법으로 귀결되지 않는 분야임을 뜻한다. 같은 질문이라도 문화, 언어, 맥락, 사용자의 기대에 따라 다양한 '좋은 답변'이 가능하다. AI는 단순한 기술이 아니라, 문화와 문맥, 사용자 경험이 결합한 종합적 산물인 것이다.

이 관점에서 보면, 우리에게 AI 산업의 경쟁은 더 이상 미국의 모델을 모방하거나 중국의 속도를 따라가는 게임이 아니다. 각국은 저마다의 문화와 시장 환경에 맞는 방식으로 AI를 정의하고 구현할 수 있으며, 한국 역시 예외가 아니다. 오히려 한국은 빠른 피드백을 주는 소비자, 고도화된 디지털 인프라, 정서 중심의 커뮤니케이션 문화 등을 바탕으로 '자기만의 해답'을 만들어갈 수 있는 조건을 갖추고 있다.

정답이 하나가 아니라면, 다음 질문은 '그 다양한 정답을 누가 정의하는가'이다. 그리고 오늘날, 그 주체는 더 이상 국가가 아니다. 과거에는 산업 질서를 설계하는 주체가 정부였다. 정부가 법과 제도를 만들면, 기업은 그 규칙 안에서 움직였다. 그러나 AI 시대에 접어들면서 이 구도는 빠르게 바뀌고 있다. 오늘날 AI 산업의 실질적인 질서는 미국 정부나 국제기구가 아닌 오픈AI, 엔비디아, 마이크로소프트, 구글과 같은 기업들이 주도하고 있다. 이들은 단순한 기술 공급자를 넘어, 전 세계 AI 기술의 접근 조건, 이용 방식, 발전 방향을 정하는 실질적 설계자로 부상하고 있다.

예를 들어 오픈AI의 챗GPT는 어떤 기능을 공개할지, 그 기능을 어디까지 상업적으로 사용할 수 있을지, 그리고 특정 국가에서 접속이 가능한지를 모두 오픈AI 내부 정책과 판단에 따라 결정한다. 2023년 기준으로 중국, 러시아, 북한, 이란 등 적대 국가에 대한 서비스 접속 제한, 특정 연령에 따른 이미지 생성 기능 제한 등의 결정은 어떤 정부 정책이나 외교 협상의 결과가 아니라 오픈AI의 자율적 기준에 의한 것이었다.

엔비디아도 마찬가지다. 미국 정부가 고성능 AI 칩의 수출을 규제하고 있음에도, 실제로 어떤 GPU가 누구에게 공급되는지는 엔비디아의 제품 라인업과 고객 우선순위에 따라 결정된다. 2022년, 미국 정부가 A100과 H100 칩의 중국 수출을 금지하자 엔비디아는 그 성능을 제한한 A800과 H800을 별도로 개발해 중국 시장에 공급했다. 칩 간 통신 속도와 연산 성능을 조정해 규제를 우회하려는 전략이었다. 또한 엔비디아는 GPU를 자사의 전략적 파트너나 대형 클라우드 기업에 우선 공급하면서 기업, 나아가 국가별 산업 접근성과 성장 속도에까지 영향을 미치고 있다.

AI의 안전성과 윤리 기준 설정 역시 정부가 아닌 오픈AI, 앤트로픽, 메타와 같은 주요 기술 기업들이 주도하고 있다. 오픈AI는

2018년 일찍이 AI 헌장을 발표해 인류 전체에 기여하는 AI 개발을 목표로 삼았다. 앤트로픽은 자사 AI 서비스인 클로드의 헌법 Claude's constitution이라는 개념을 도입했다. 이 헌법은 유엔 세계 인권선언 등에서 영감을 받아 구성되었으며, AI가 해롭지 않고 정직하게 작동하도록 유도한다. 메타는 AI 시스템의 투명성과 책임성을 강화하기 위해 공개 정책, 투명성 센터 등을 운영하고 있으며, 모델의 위험성 분석, 정책 집행 내역 등을 정기적으로 공개하고 있다.

이처럼 질서의 중심축이 국가에서 기업으로 이동하면서 우리가 익숙했던 국제 규범의 방식도 완전히 달라지고 있다. 예전에는 국제 조약과 외교 협상이 기술의 룰을 정했다면, 이제는 플랫폼 기업의 API 계약서 하나가 사실상 국제 기술 질서를 대체할 수도 있다. 예를 들어, 한국 스타트업이 오픈AI의 API를 사용하려면 미국과 한국 사이의 조약보다 오픈AI의 이용약관을 우선 따라야 하는 상황이 된다. 기술 공급자가 곧 규칙의 설계자가 되는 셈이다.

더 나아가 기업의 이용약관이 국가의 법률보다 앞서는 시대가 도래하고 있다고도 볼 수 있다. 오픈AI가 특정 국가 이용자를 차단하면, 해당 국민은 정보 접근 권리를 상실한다. 특정 모델이 정치적 질문에 답하지 않도록 설정되면, 사용자는 그 주세에 대해 알고 싶어도 알 수 없는 상태에 놓인다. 이는 결국, 국가 단위의 법과 원칙보다 사기업의 알고리즘과 약관이 개인의 권리를 먼저 규정하게 되는 시대라는 뜻이다.

이러한 흐름은 한국을 포함한 각국 정부가 AI 패권을 논할 때 이제는 기업이라는 새로운 주체와의 개별 협상력을 키워야 한다는 현실을 시사한다. 미국 정부와 협상을 하더라도 오픈AI나 엔비디아의 상업적 판단과 우선순위에 따라 한국 기업의 기술 접근성과 경쟁력은 크게 달라질 수 있다.

인재가 전략이다

이런 한국형 AI 전략이 단지 선언에 그치지 않고 실현되기 위해서는 결국 그것을 구현할 수 있는 사람이 있어야 한다. 곧, 인재가 핵심이다. 아무리 강력한 비전과 정책이 있어도 그것을 실제로 설계하고 운영할 수 있는 인적 기반이 없다면 공허한 구호에 불과하다.

스탠퍼드대학교에서 AI를 연구하고 있는 한 학자는 실리콘밸리 AI 연구 환경을 이렇게 설명한다.

"스탠퍼드대학교의 연구실 자체가 꼭 특별한 건 아닙니다. GPU 수천 대가 있는 것도 아니에요. 중요한 건 그 안에서 이뤄지는 산학 협력입니다. 실리콘밸리 빅테크 기업 연구자들과 교수, 학생들이 함께 문제를 설정하고 해결하며 자연스럽게 현장 경험을 쌓죠."

문제를 공동으로 정의하고, 해결 과정에서 자연스럽게 실전

역량을 쌓는 이 구조야말로 실리콘밸리 AI 생태계의 핵심 동력이다. 그리고 이를 가능하게 하는 건 결국 풍부하고 역동적인 인재풀이다. 미국과 중국은 이미 수년 전부터 AI 인재 유치 전면전에 돌입했다. 반면 한국은 낮은 보상 수준, 고임금에 대한 사회적 반감, 제도적 유인의 부족 등으로 인해 인재 유입에 구조적 한계를 안고 있다. 업계 관계자에 따르면, 한국 대학에서 박사 학위를 받은 AI 인재가 졸업 직후 실리콘밸리에서 취업할 경우 연봉 30만~40만 달러, 한화로 약 5억 원 수준을 받을 수 있다. 이런 현실에서 '연봉 1억 원으로 AI 박사급 인재를 국내로 다시 데려오겠다'라는 주장은 사실상 실현하기 어렵다.

그렇다고 기회가 아예 없는 것은 아니다. 최근 트럼프 행정부의 반이민 기조는 오히려 한국에 인재 유치의 창을 열어주고 있다. 비자 제한, 연구비 축소, 정부의 정치적 압박 등으로 인해 미국 내 AI 연구 환경은 점점 불확실해지고 있다. 스탠퍼드대학교 연구원의 말이다.

"AI 분야, 특히 소프트웨어 관련 연구실의 경우 학생의 80% 이상이 중국·인도·한국 등 외국인입니다. 그런데 최근 비자 발급이 막히고 연구비도 줄어들면서 인력 충원이 너무 어려운 상황이에요. 이런 흐름 속에서 본국으로 돌아갈 가능성을 고려하는 연구자들이 이전보다 확실히 늘고 있습니다."

이전까지는 미국 중심의 AI 생태계로 인해 고급 인재의 한국

귀환은 거의 이뤄지지 않았다. 그러나 지금처럼 미국의 정치·제도적 불확실성이 높아지고, 한국이 장기 투자와 제도적 유연성을 갖춘다면, 이 흐름은 바뀔 수 있다. 실제로 딥시크 사태 이후 중국계 AI 인재들의 본국 유턴이 늘어나고 있다는 점은 시사하는 바가 크다.

이제 한국 사회가 AI 인재를 바라보는 인식 자체가 달라져야 한다. AI 인재를 유치하기 위해선 단순한 애국심만으로는 부족하다. 미국은 자본주의 논리를 기반으로 AI 인재에게 연봉과 주식을 함께 제공하며 '초선형적'으로 보상하고 있다(가령, 경력이 2배 늘면 연봉은 2배가 아니라 4배로 뛴다). 중국은 정부 주도로 이 초선형적 보상을 더 과감하게 적용하면서 인재를 유치하려 한다.

한국의 학계 관계자들은 이제 'AI 인재가 돌아오지 않는 문제'가 아니라 '계속 빠져나가는 문제'를 걱정해야 한다고 말한다. 매년 카이스트, 서울대, 포스텍 등에서 배출되는 최상위 박사급 인재는 대부분 실리콘밸리로 향한다. 구글은 스타급 AI 연구자에게 연봉 최소 60만 달러(약 7억 원)를 주고, 엔비디아, 메타 등도 평균 50만 달러(약 6억 원)를 주는 것으로 알려져 있다. 인당 GDP나 물가 수준을 고려해도 '연봉 1억 원에 유턴'은 현실과 동떨어진 발상에 가깝다. 드물게 한국 기업의 임원으로 귀국했다가 조직문화나 연구 기회의 한계로 인해 단기간에 미국으로 복귀한 사례도 적지 않다.

이제는 바뀌어야 한다. 국내에 이미 있는 인재들을 붙잡고, 해외에 있는 인재들이 돌아오고 싶어질 만한 보상을 설계해야 한다. 여기서 말하는 인재는 학계와 산업계를 모두 포함하며, 단순한 연봉 수준뿐만 아니라 연구의 자유도, 삶의 질, 장기적 커리어 기회, 제도적 안정성을 아우르는 종합적 유인이 필요하다.

오늘날의 젊은 세대는 단지 '내 나라'라는 이유만으로 귀국을 선택하지 않는다. 이들에게 중요한 것은 삶의 질, 성장 기회, 그리고 리스크에 비례하는 보상이다. 더욱이 고령화로 인해 앞으로 젊은 세대의 세금 부담이 증가할 수밖에 없는 사회 구조에서, 우리가 인재들에게 AI 산업에서 헌신을 기대한다면, 그에 상응하는 강력한 보상이 뒤따라야 한다. 대기업 CEO보다 더 많은 연봉을 받는 AI 인재들이 등장해야 한다. 딥시크가 중국계 인재들의 유턴을 불러온 것처럼 한국형 AI의 미래가 매력적이어야 한다.

AI 산업을 구성하는 것은 결국 사람이며, 인재는 가장 전략적인 자원이다. 지금 우리가 결단하지 않으면, 한국은 기술이 아닌 사람으로 인해 미래를 잃게 될 수도 있다.

돈버는 AI 새로운 부의 설계자

2025년 12월 15일 초판 1쇄 발행

지은이 박성혁 · 나탈리 허
펴낸이 이원주

책임편집 고정용　**디자인** 윤민지
기획개발실 강소라, 김유경, 강동욱, 박인애, 류지혜, 이채은, 최연서
마케팅실 양근모, 권금숙, 양봉호　**온라인홍보팀** 신하은, 현나래, 최혜빈
디자인실 진미나, 정은예　**디지털콘텐츠팀** 최은정　**해외기획팀** 우정민, 배혜림, 정혜인
경영지원실 강신우, 김현우, 이윤재　**제작실** 이진영

펴낸곳 (주)쌤앤파커스　**출판신고** 2006년 9월 25일 제406-2006-000210호
주소 서울시 마포구 월드컵북로 396 누리꿈스퀘어 비즈니스타워 18층
전화 02-6712-9800　**팩스** 02-6712-9810　**이메일** info@smpk.kr

ⓒ 박성혁·나탈리 허 (저작권자와 맺은 특약에 따라 검인을 생략합니다)
ISBN 979-11-24070-20-8 (03320)

- 이 책은 저작권법에 따라 보호받는 저작물이므로 무단전재와 무단복제를 금지하며, 이 책 내용의 전부 또는 일부를 이용하려면 반드시 저작권자와 (주)쌤앤파커스의 서면동의를 받아야 합니다.
- 잘못된 책은 구입하신 서점에서 바꿔드립니다.
- 책값은 뒤표지에 있습니다.

쌤앤파커스(Sam&Parkers)는 독자 여러분의 책에 관한 아이디어와 원고 투고를 설레는 마음으로 기다리고 있습니다. 책으로 엮기를 원하는 아이디어가 있으신 분은 이메일 book@smpk.kr로 간단한 개요와 취지, 연락처 등을 보내주세요. 머뭇거리지 말고 문을 두드리세요. 길이 열립니다.